# 부자 아빠
# 부동산 수업

아들에게 전하는 돈과 투자의 지혜

# 부자 아빠

Real Estate Lessons
from a Rich Dad

# 부동산 수업

세준아빠 지음

한국경제신문

프롤로그

# 돈보다 귀한 투자를 물려주고자 합니다

2020년의 어느 봄날이었습니다. 그날도 저녁 늦게까지 부동산 공부를 하다가 문득 옆에서 곤히 잠든 큰아들 세준이의 얼굴을 들여다본 적이 있었습니다. 언젠가는 이 귀엽고 사랑스러운 아이도 험난한 사회에 발을 들이겠지요. 물론 좋은 일도 많겠지만 대부분의 인생이 그렇듯 시련도 겪고 위기도 극복해가면서 하나하나 배우고 성장할 겁니다.

그때 처음으로 지금까지 공부하고 배운 부동산 지식과 투자 경험을 정리해서 나중에 아들에게 물려줘야겠다고 생각했습니다. 그리고 그때부터 글을 쓰기 시작했습니다. 몇 년 동안 좌충우돌하며 어렵사리 배우고 경험한 것들을 아들에게 하나하나 꼼꼼히 알려준다는 마음으로 시간 날 때마다 틈틈이 썼습니다. 그러는 동안 둘째

아들 세환이도 태어났습니다.

제가 투자를 처음 시작한 것은 2013년입니다. 당시 서울 아파트가 큰 폭으로 하락했었죠. 저는 2010년부터 직장에 다니기 시작했는데 어머니가 제 월급의 95퍼센트를 강제로 적금에 넣어주셨습니다. 어차피 저는 부모님 집에 얹혀살았으니 돈 들 일도 별로 없었고, 어릴 때부터 돈을 아끼고 절약하는 것이 몸에 배어 있어서 월급 전부를 적금에 넣는다고 해도 크게 부담되지 않았습니다.

그렇게 2010년부터 약 3년 넘게 매달 200만 원씩 적금을 부으니 꽤 많은 돈이 모였습니다. 그 돈에 신용대출을 받은 돈을 더해서 전세를 끼고 교대역 32평 역세권 아파트를 매수했습니다. 어떻게 보면 어머니 덕분에 30대 초반에 모두가 부러워하는 강남 아파트 집주인이 된 것이죠.

그러나 문제가 있었습니다. 당시 저는 부동산이나 투자와 관련해 어떤 공부도 한 적이 없었고 어설프게 주워 들은 내용을 떠드는 수준이었기에 그만 해당 아파트를 2016년 여름에 약간의 이익만 얻고 매도해버렸지요. 나중에 그 아파트는 제가 매도한 가격에서 십몇억 원이 더 올랐습니다.

당시에는 이런 결과에 대해 화도 많이 나고 절망감에 빠지기도 했습니다. 악몽을 꾸기도 했죠. 지금 돌아보면 그나마 다행인 점은 이런 결과를 온전히 제 책임으로 받아들이고 다시는 그런 실수를 하지 않을 것이라고 결심했던 것입니다. 설령 또다시 시도해서 실패한다고 해도 후회 없이 최선을 다하겠다고 말이에요. 그해 겨울부터 저는 정말 열심히 부동산 공부에 매진했습니다.

아무것도 모르는 부동산 초보가 어떻게 공부를 시작했는지 궁금하신가요? 저는 근처 도서관에서 '부동산'이라는 단어나 '경제' 혹은 '부자'라는 단어가 표지에 있으면 10년 전에 나온 책부터 신간까지 닥치는 대로 빌렸습니다. 한 도서관에서 1인당 6권만 빌릴 수 있었기 때문에 도서관 두세 곳을 돌면 2주에 10권가량을 빌릴 수 있었습니다. 여기에 아내의 아이디까지 사용해서 빌리면 약 20권을 빌릴 수 있었죠. 도서관 대출 기간 2주 연장을 활용해서 한 달에 20권씩 꾸준히 읽었습니다. 1년이면 12개월이니 약 240권이네요. 그리고 그중 좋은 책은 다시 빌려 읽곤 했습니다.

그렇게 부동산과 경제 관련 책들을 꾸준히 읽다 보니 어느 순간 핵심 내용이 눈에 들어오기 시작했습니다. 그리고 저만의 '생각하기 시간'을 통해 공부한 것을 머릿속에 새기고 시뮬레이션하는 과정을 거쳤습니다. 당시 제가 살았던 분당 정자동은 탄천이라고 하는 천혜의 운동 코스가 있었습니다. 그 길을 매일 한 시간 넘게 산책하면서 그날그날 새로이 알게 된 부동산, 경제 지식을 머릿속으로 정리하고 읽은 내용을 비판해보기도 하며, 실제 투자를 한다면 어떻게 적용할까 고민해보기도 했지요.

단순히 책을 읽은 데서 그치지 않고 매일 머릿속에서 고민하고 정리했던 그때가 부동산 투자 실력이 가장 많이 올랐던 시기였습니다. 그리고 제 나름의 투자 원칙도 확립할 수 있었고요.

그런데 책을 읽다 보면 어느 순간 그 책이 그 책인 것처럼 느껴지는 때가 옵니다. 비슷한 내용을 언급하는 책들이 생각보다 많이 있고 어떤 책은 내용만 보면 시간이 아까울 때도 있습니다. 그럼에도 분명한 사실은 책 10권을 읽으면 최소한 한 권 정도는 정말 놀라운 인사이트를 제공하는 좋은 책도 있더란 것이죠. 그런 책을 발견하면 굉장히 들떠서 기뻐했던 기억이 납니다. 그래서 그런 책들은 바로 책을 사서 시간 날 때마다 틈틈이 읽었습니다.

지금까지 10회는 넘게 읽은 것 같은 책도 과거에 읽었을 때와 다르게 새롭게 다가올 때가 있습니다. 그러면 그때마다 스스로 생각하기의 과정을 거칩니다. 혼자서 걸으면서 생각하다 보면 갑자기 '아하' 하고 저만의 투자 인사이트가 떠오를 때가 있습니다. 그럴 때는 바로 메모했다가 나중에 적용해봅니다.

어쨌든 이렇게 책을 읽으며 저만의 투자 원칙을 정립하는 한편, 다양한 부동산 카페에도 가입해 다른 사람들의 인사이트가 담긴 글도 찾아 읽기 시작했습니다. 어느 정도 부동산 지식이 생기니 다른 사람들의 글을 읽었을 때 무척 재미있었고, 제가 미처 생각지 못했던 부분들을 알게 되기도 했습니다.

2017년 가을이 되었을 때 본격적으로 투자를 시작했습니다. 그동안 열심히 모은 종잣돈과 서울 아파트 매도로 얻은 돈을 합쳐, 제가 생각하기에 내재가치 대비 아직 가격이 오르지 않았다고 생각한 지역들을 분석해서 투자했습니다. 다행히 투자한 지역들이 모두 잘 올라주었고, 가격이 저렴할 때 매수했기에 지금 조정장에서도 충분히 버틸 수 있을 만한 체력을 확보하고 있습니다.

## 위기를 이겨내는 시간의 힘

부동산 시장은 돌고 도는 사이클이 있습니다. 상승이 있으면 하락이 있고, 하락이 있어야 상승이 있습니다. 제가 부동산 공부를 해오면서 가장 뼈저리게 느낀 점 중 하나는 물건 분석보다 타이밍이 더 중요하다는 것입니다. 타이밍만 잘 맞으면 그 지역에서 가장 최악의 물건이라도 (물론 다른 물건에 비해 상승 폭은 좀 적을지라도) 충분히 상승을 통해 이익을 낼 수 있습니다. 반면 타이밍이 안 맞으면 아무리 핵심 물건이라도 팔리지 않고 가격도 다른 물건들과 똑같이 떨어집니다.

이는 곧 이번 상승장에 잘 올라타지 못했더라도 다음 상승장 타이밍에 잘 올라탄다면 충분히 만회할 수 있다는 얘기가 됩니다. 최소한 하락장에서 큰 손해는 보지 않았으니까요. 그러니 부동산 투자를 포기할 이유는 절대 없습니다. 오히려 그럴 때일수록 공부를 더 열심히 하면서 좋은 타이밍을 기다려야 한다고 생각합니다.

특히 2022년 하반기 무렵, 부동산 시장은 금리의 급격한 상승으로 큰 폭으로 조정을 받았습니다. 당시 2021년 고점 대비 30퍼센트 넘게 하락한 곳들이 꽤 많았죠. 그러나 상당히 매력적인 가격까지 하락한 곳들이 보여도 사람들의 매수 심리가 아예 죽어버려서 매매 자체가 거의 일어나지 않았습니다. 게다가 무리하게 대출을 받아 고점에 집을 산 사람들은 급격한 금리 상승으로 이자 부담이 크게 늘고 집값마저 조정을 받다 보니 많이 힘들었을 것입니다.

그런데 2020년 여름에 제가 썼던 글을 보니, 마침 2020년 중반 수도권 부동산 시장에 잠시 조정장이 왔을 때 가격 하락에 대해 마음을 다잡는 글이 있었습니다. 2019년에 제가 모 지역에 투자했는데 2020년 당시 그동안 오른 가격 상승분을 거의 반납하고 계속 조정을 받고 있었죠. 그렇지만 제가 그 지역에 투자한 이유와 조건들이 변하지 않았기에 마음 편히 기다리겠다는 내용의 글이었습니다.

이후 그 지역은 2020년의 조정장을 잘 이겨내고 좋은 투자수익을 낼 수 있었습니다. 개인적으로 당시 부동산 시장 하락의 주요 원인이 급격한 금리 인상이라고 봤기 때문에 금리가 제자리를 찾아가면 투자자와 실거주자에게 다시 좋은 기회가 올 것이라고 생각했습니다.

그리고 2023년 9월 현재, 확실히 금리가 어느 정도 안정을 찾으면서 수도권 핵심지 위주로 가격이 반등하고 있습니다. 무엇보다 향후 인허가 물량이 줄어들고 있기에 정부에서도 공급 대책 마련에 부심한 모양입니다. 개인적으로 큰 변수가 없다고 가정하고, 적절한 공급이 나오지 않는 한, 당분간 부동산 시장에 더 이상의 가격 하락은 나오지 않을 것이라 생각하고 있습니다. 물론 2021년처럼 큰 폭의 가격 상승 역시 나오기 어렵다고 생각합니다.

이 책을 통해 저는 부동산 투자를 할 때 어떤 상황에서든 대응하고 적용할 수 있는 투자 원리들을 알려드리고자 합니다. 저만의 투자 방법들도 정리해 실었습니다.

아울러 몇 가지 말을 꼭 전하고 싶습니다. 우선 투자는 빠르면 빠를수록 좋습니다. 시간의 힘이 더 늘어나는 것이죠. 그리고 여유가 생길수록 소비를 특히 조심하셔야 합니다. 한번 늘어난 소비 습관은 다시 줄이기 쉽지 않습니다. 절약 정신과 악착스러움으로 무장해야 성공 가능성이 올라간다고 생각합니다. 마지막으로, 실패를 두려워하지 않고 도전하는 태도를 지녀야 합니다. 세상 어떤 투자도 위험이 없는 경우는 없습니다. 위험을 감수해야 그만큼 달콤한 과실도 얻을 수 있음을 명심하시길 바랍니다.

책을 쓰기까지 지나온 과정을 돌아보니 가장 감사한 분은 사랑하는 어머니 고(故) 김점례 여사님입니다. 어머니가 제게 물려주신 끈기와 참을성은 투자할 때 가장 중요한 밑바탕이 되었습니다. 어머니 덕분에 투자를 시작할 수 있었고 이렇게 행복하게 살 수 있게 되었습니다.

사랑하는 제 아내 진주에게도 감사의 말을 전합니다. 우리는 결혼할 때 결혼반지도 허례허식이라고 생각해 맞추지 않았습니다. 10만 원짜리 커플링으로 서동과 선화공주의 설화가 어린 충남 부여 궁남지의 한 정자에서 프로포즈를 했었죠. 그 흔한 명품 가방과 예물 시계 하나 주고받지 않았고 스튜디오 촬영도 하지 않았습니다. 그렇게 절약해서 같이 종잣돈을 모았습니다. 제가 여기저기 투자한다고 뛰어다닐 때도 아내가 저를 믿고 응원해줘서 여기까지 올 수 있었습니다.

끝으로 제 책의 가능성을 믿고 출간까지 큰 도움을 주신 한경BP 출판사 관계자분과 편집부 김종오 대리님에게도 감사드립니다. 덕분에 작가로서 첫발을 내디딜 수 있었습니다.

이 책을 읽은 모든 분이 성공적인 투자를 하기를 기원합니다.

# 부자 아빠 부동산 수업
## | 차례 |

## 1장

Real Estate Lessons
from a Rich Dad

# 우리가 아는 돈은
# '진짜 돈'이 아니다

## 진짜 돈이란 무엇일까?

돈이란 무엇일까? 아들아, 너는 돈이 무엇이라고 생각하니? 돈이라고 하면 흔히 물건을 사고팔 때 주고받는 현금이나 통장 계좌에 찍히는 숫자, 서울 강남의 아파트 매매 가격 등이 떠오른다. 하지만 진짜 돈의 의미는 이렇듯 단순한 화폐나 숫자가 아니란다.

좀 더 쉽게 설명하기 위해 게임을 예로 들어볼게. 혹시 〈디아블로〉라는 게임에 대해 들어본 적 있니? 아빠가 대학생일 때 〈디아블로 2〉가 엄청나게 유행했단다. 아마 지금 30대부터 50대까지 이 게임을 모르는 사람은 거의 없을 거야. 이 게임과 관련해 일어났던 일을 예로 들어 진짜 돈이란 무엇인지, 돈의 의미에 대해 한번 이야기해보려 한다.

## 화폐가 늘어나면 화폐가치가 떨어지는 이유

당시 〈디아블로 2〉에서 실질적인 화폐는 '조던링'이라는 유니크 반지 아이템이었단다. 유니크는 아이템의 등급을 의미하는 것으로 여기에 해당되면 매우 귀한 아이템이었지.

공식적인 게임 머니였던 '골드'는 매일 엄청나게 쌓여가니(사냥하면 몬스터들이 골드를 떨어트리기도 하고, 주운 아이템을 상점에 팔면 골드를 벌 수 있었어. 골드를 너무 쉽게 벌 수 있어서 골드가 얼마나 있는가는 아무 의미도 없었단다) 화폐의 기능을 하지 못했다. 그래서 사람들 사이에서 아이템을 사고팔 때 이용되던 화폐가 바로 이 조던링이었어. 가령 A 아이템은 조던링 2개, B 아이템은 조던링 3개, 이런 식으로 시세가 형성되어 있었지.

그러던 어느 날 이 게임에 아이템 복사 프로그램이 돌기 시작했고, 여러 유저가 복사 프로그램을 이용해 화폐 역할을 하던 조던링을 엄청나게 복사하는 사건이 생겼단다(참고로 아빠도 이 프로그램을 이용해 PC방을 돌아다니면서 아이템을 어마어마하게 복사하고 다녔었다).

그러다 보니 게임 내에서 조던링 수가 갑자기 증가했고 그 가치가 빠른 속도로 떨어지기 시작했다. 눈치 빠른 몇몇 유저들은 갖고 있던 조던링을 아직 어떤 상황인지 파악하지 못한 다른 유저들의 좋은 아이템과 얼른 바꾸기도 했단다. 결과적으로 조던링 복사 사건 이후 조던링은 화폐로서의 가치를 점차 잃어갔지.

그리고 게임상 화폐는 '스몰 독참(인벤토리에 갖고 있으면 적에게 독 데미지를 주는 작은 부적)'이라는 아이템이 대신하게 되었다. 그래, 또 다시 A 아이템은 스몰 독참 2개, B 아이템은 스몰 독참 3개, 이런 식으로 거래되기 시작한 거야.

그런데 문제는 조던링을 열심히 모으고 있던 사람들이었다. 게임 상 화폐인 조던링을 열심히 모아왔는데 조던링 복사 사건 이후 한순간에 그 가치가 급락한 것이지. 예전에는 조던링 5개로 좋은 아이템을 살 수 있었다면 이제는 100개를 줘도 같은 아이템을 살 수 없을 정도로 조던링은 아무런 가치를 갖지 못했단다.

## 자본주의 사회에서 인플레이션은 피할 수 없다

너는 이 이야기에서 무엇을 느꼈니? 한 번쯤 우리가 평소 쓰는 지폐(1,000원, 1만 원 등)에 대해 생각해본 적이 있니? 이 지폐는 엄밀히 말하면 그냥 종이일 뿐인데 왜 사람들은 이 종이에 집착하고 한사코 모으려고 할까?

답은 간단해. 바로 정부에서 보증해주었기 때문이란다. 그래서 우리가 그 지폐로 세금도 내고 물건도 살 수 있지. 그런데 궁금하지 않니? 만약 정부가 보증을 못 해주거나 어느 날 지폐의 수가 확 늘어나면 어떻게 될까? 그 지폐의 가치는 계속 유지될 수 있을까?

또한 지폐를 발행한 정부가 지폐에 대해 보증을 못 해준다면 누가 그 지폐를 계속 가지려 할까? 한 예로 북한에서는 장마당(암시장)에서 돈을 번 사람들이 몰래 돈을 감춰두고 보관하고 있었는데, 북한 정부가 갑자기 화폐개혁을 실시해서 기존 돈을 거의 쓰레기로 만들었다고 한다. 기존에 부를 형성했던 사람들이 소유한 지폐의 구매력이 순식간에 추락한 거야.

짐바브웨에서는 정부가 어리석은 정책으로 돈을 계속 찍어내자 어마어마하게 풀린 돈의 가치가 엄청나게 떨어져서 물가가 크게 상승하는 하이퍼 인플레이션(hyper inflation)이 왔다고 한다. 이런 사례들을 보면 지폐는 정부가 보증하고 사람들 사이에 지폐에 대한 신용이 있을 때만 그 가치가 존재한다고 볼 수 있지.

코로나19 이후 엔데믹이 선언된 지금의 상황은 어떨까? 코로나19에 따른 경제위기를 극복하기 위해 세계의 많은 나라가 금리를 낮추고 시중에 돈을 엄청나게 풀어버리는 양적완화를 실시했다. 물론 각국 정부는 경제 회복 이후 풀린 돈을 원만하게 잘 수습하려 하겠지만 시중에 화폐 통화량은 늘어날 수밖에 없었지.

실제로 많은 사람이 인용하는 각 나라의 통화량 M1, M2[M1(협의통화)은 현금통화와 요구불예금 수시입출식예금의 합계를 의미한다. M2(광의통화)는 M1과 만기 2년 미만 금융상품(예적금, 시장형 및 실적배당형, 금융채 등)의 합계를 의미한다] 등의 그래프를 살펴보면 코로나19 이후 기울기가 급격하게 올라가는 것을 알 수 있다. 다시 말해 시중에 유통되는 통화량이 많이 늘어났고 그만큼 지폐의 가치가 떨어졌다는 것이지. 또 떨어진 지폐의 가치만큼이나 물가가 크게 오를 수 있다는 걸 의미해[처음 이 글을 썼던 때는 2020년 가을 무렵이었는데, 미국 연준(Fed)은 2022년 초부터 높은 물가상승률을 이유로 지속적으로 금리를 올리고 있다. 급격한 금리 상승은 시장의 침체를 불러올 수 있는 우려가 있지만 물가상승률이 너무 높기 때문에 물가 안정에 최우선을 두고 금리 인상에 초점을 맞추는 거야].

달러를 중앙은행에서 금으로 바꿀 수 있었던 금태환[금본위제도 아래 달러를 가진 사람이 미국 정부(중앙은행)에 화폐를 가지고 가서 금과의 교환을 요구했을 때, 화폐와 금을 교환해주는 것] 시대가 지나고 달러를 마음대로 찍어낼 수 있는 시대가 오면서, 통화량의 증가와 인플레이션은 어찌 보면 피할 수 없는 사실이 되었다. 앞에서 예로 든 게임에서도 볼 수 있었듯이 화폐란 결국 사람들 간의 신용이고 그 화폐가 늘어나면 가치가 급락하기 때문이지. 이건 불변의 사실이란다.

## 화폐가 늘어날수록 실물 자산에 투자하라

이 상황에서 우리는 어떻게 행동해야 할까? 화폐를 무작정 모으거나 저금하는 것으로는 절대 부자가 될 수 없단다. 화폐는 아무리 열심히 모아봐야 매년 발생하는 인플레이션으로 가치가 조금씩 떨어진다. 따라서 '진짜 돈'을 모아야 해. 여기서 진짜 돈이란 희귀성이 있고 대체할 수 있는 것이 별로 없으며 쉽게 만들어낼 수 있는 것이 아니어야 한다. 예를 들어 돈을 잘 벌고 있는 좋은 회사의 주식과 핵심 입지의 부동산 같은 경우는 진짜 돈이라고 할 수 있지.

부동산을 아파트나 단순 콘크리트 건물로 생각하지 말거라. 그 건물이 소유하고 있는 땅을 생각해라. 예를 들어 네가 지금 살고 있는 우리 집도 대지권을 살펴보면 약 12평 정도의 땅이 아빠, 엄마의 소유다(2007년식 아파트, 용적률 280퍼센트).

핵심 입지의 땅은 움직이지 않는다. 그래서 부(不)동산이다. 대체할 수 있는 것이 없으며 원한다고 바로 만들어낼 수 있는 것이 아니란다. 사람들이 초품아('초등학교를 품은 아파트 단지'를 줄인 부동산 신조어로, 초등학교가 바로 붙어 있어 도보 동선에 차로가 없는 아파트를 가리킨다)를 왜 선호하는지 알겠니? 아파트 바로 옆의 초등학교는 바란다고 해서 쉽게 만들어낼 수 없기 때문이다. 초등학교를 새로 지으려면 땅도 확보해야 하고 여기저기 많은 인가 단계를 거쳐야 해서 절대로 쉽지 않단다. 따라서 초품아 같은 핵심 입지의 땅을 소유하고 있다면 그것은 '진짜 돈'이라고 할 수 있다.

주식 역시 마찬가지란다. 이익을 잘 내고 핵심 기술을 보유한 기업의 주식을 사서 모으면 기업이 벌어들이는 이익이 결국 나의 이익으로 되돌아온다. 주가 상승이나 배당 등으로 내게 이익을 주기 때문에 좋은 기업의 주식들은 '진짜 돈'이 될 수 있다.

물론 모든 자산은 영원한 상승도, 영원한 하락도 없단다. 상승이 있기에 하락이 있고 하락이 있기에 상승이 있는, 즉 사이클에 따라 움직이는 것이지. 그러나 장기적으로 봤을 때 이 진짜 돈들이 우상향하고 있다는 건 현재 자본주의 시스템에서 발생하는 자연스러운 현상이지 않을까?

아들아, 나는 네가 진짜 돈이 무엇인지 깨닫길 바란다. 열심히 모은 화폐로 가치 있는 핵심 자산과 바꿀 수 있도록 말이다. 그렇지 않고 단순히 계속 화폐를 모으기만 한다면 절대로 부를 이룰 수 없단다. 화폐 자체는 진짜 돈이 아님을 알고, 진짜 돈이 되는 가치 있는 자산을 발견하는 눈을 갖게 되길 소망한다.

돈을
번다는 것의
의미

우리가 살아가면서 돈을 버는 방법은 다양하다. 직장에 취직해서 월급을 받을 수도 있고, 사업을 시작해 물건을 팔아 돈을 벌 수도 있으며, 부동산 임대업을 해서 월세를 받을 수도 있지. 이렇듯 다양한 방법으로 돈을 벌 수 있는데, 대부분 사람은 자신의 몸과 시간을 들여 돈을 벌고 있단다. 하지만 이 방법의 가장 큰 문제점은 노동으로 돈을 버는 게 영원히 지속되지 않는다는 사실이다. 네가 젊을 때야 너의 젊음을 사주는 곳이 있겠지. 그러다 50대, 60대가 되었다고 생각해보렴. 네가 가진 능력이나 기술 등이 정말 특출나서 너 없이는 회사가 돌아가지 않는 아주 예외적인 경우가 아니라면 너를 대체할 사람은 널리고 널렸단다. 겨우 다른 일을 구한다고 해도 그전에 벌었던 돈에 비하면 월급이 크게 줄어버리는 거야.

## 돈이 돈을 부르는 시스템을 구축하라

그렇다면 오래도록 지속될 돈 버는 방법은 무엇일까? 나는 자본주의 시스템을 이용해야 한다고 생각한다. 예를 들어 네가 역세권의 입지 좋은 아파트를 샀다고 해보자. 이 아파트를 임차인에게 월세로 내주면 너는 노동을 하지 않아도 집을 빌린 임차인이 한 달 동안 열심히 일해서 너에게 월세를 주지. 이것은 네가 늙거나 병들었다고 해도 아무 상관이 없는 것이란다.

또 돈을 벌어서 그 이익을 주주들에게 배당으로 돌려주는 회사의 주식에 투자했다고 해보자. 그 회사의 직원들이 열심히 일해서 이익을 내고, 그 이익금으로 너에게 배당을 주는 것이다. 여기에도 네 노동은 하나도 들어가지 않지. 그러니 평생 노동을 통해 돈을 벌지, 아니면 자본이 너를 위해 돈을 벌어오게 할지 선택해야 한단다.

그렇다고 해서 노동으로 돈을 버는 것을 소홀히 여겨서는 안 된다. 노동 역시 너무나 중요하며 월급의 소중함을 알아야 해. 예를 들어 위에 언급한 아파트를 사거나 주식을 사려면 돈이 필요한데 그 돈은 어디서 생길까? 또 투자하다 보면 현금 흐름이 막힐 때도 있고, 예기치 못한 상황에 급한 돈이 필요할 때도 있다. 그때는 무엇이 너의 방패막이 되어줄까?

바로 네가 속한 직장과 그 직장에서 나오는 월급이 답이다. 또한 네가 직장에 다니고 근로소득이 있어야 낮은 금리로 대출을 받을 수 있지. 이건 무척 중요한 점이란다. 어딘가에 투자하기 위해 단순히 돈을 모으기만 해서는 시간이 너무 오래 걸린다. 이럴 때 대출을 레버리지(leverage)로 활용하면 더 빨리 자본가의 삶으로 들어갈 수 있지(물론 대출은 양날의 검이니 반드시 감당 가능한 정도에서 레버리지로 활용해야 한다. 자칫 무리하게 대출을 활용하면 통제할 수 없는 상황이 발생했을 때 모든 것을 잃어버릴 수도 있으니 말이야. 이에 대해서는 뒤에서 자세히 설명하겠다).

## 근로소득에만 의지하면 노후가 힘들어진다

그러니 20대와 30대에 열심히 경제와 재테크 관련 책을 보면서 경제 지식을 쌓고, 돈을 절약하고 효율적으로 관리해서 종잣돈을 모아야 한단다. 그 종잣돈과 대출을 활용해 본격적인 자본가의 길로 나서서 노동을 통해 버는 돈보다 자본을 활용해 버는 돈이 더 많아지도록 해야 한다. 그것이 핵심이다.

노동을 통해 버는 돈에만 의지하는 사람들은 어떨까? 대기업에 다니는 40대나 50대 직장인을 떠올려보자. 아마도 과장, 부장쯤 되었을 거고 매달 월급으로 500만 원 이상 받겠지. 그런데 이들은 회사의 사정에 따라 언제 그만두어도 이상하지 않은 사람들이다. 그래서 만약 50대 초반에 퇴사하게 되었다면 월급에만 의존해왔을 경우 수입이 끊기고 만다. 물론 퇴직금 등 목돈을 손에 쥘 수도 있겠지만 그 돈을 가지고 창업이다, 투자다 해서 날리는 경우를 많이 봤다. 그때서야 자본을 활용해 돈 버는 방법을 모색하지만 이미 너무 늦은 것이다.

그러니 너는 지금부터 경제 근육을 키우고 투자를 위한 종잣돈을 악착같이 모아라. 노동 소득 외에 다양한 곳에서 일하지 않아도 소득이 들어올 수 있게 만들어놓는다면 네 노후는 행복하고 여유로워질 거야. 그리고 네 시간을 온전히 너의 것으로 사용할 수 있는 경제적 자유도 이룰 것이다.

자본주의의
핵심 원리를
깨우쳐라

예전에 참치를 잡는 동남아시아 어부들에 대한 다큐멘터리를 본적이 있단다. 어부들이 작은 배를 타고 바다로 나가 열악한 환경 속에서 몇 날 며칠 동안 일하는데, 말 그대로 맨손으로 낚싯줄 하나에 의지해 작업하더구나. 참치와 상어 같은 돈 되는 물고기를 잡기 위해 분투하는 그들의 모습이 생생하게 그려졌지.

이글이글 불타는 햇볕 속에서 맨손으로 사투를 벌이며 물고기를 잡아 올리는 모습은 가히 극한 직업이라 할 만했다. 심지어 낚시하는 방법조차 옛날 전통 방식(돌에 미끼를 매달아 바닥으로 떨어트려 물고기를 잡는다)을 이용해서 고기를 잡는 거였어. 그 와중에 고기를 낚지 못해 쓸쓸히 돌아가는 사람들도 부지기수더구나. 이 사람들은 돈 한 푼도 받지 못했지.

그런데 이렇게 고생해서 참치를 잡아 올려도 참치 값의 절반은 배를 소유한 선주에게 돌아간다고 한다. 나머지도 선장에게 주는 비용과 식대, 배 기름값 등으로 쏙쏙 빠져나가고 정작 땡볕 아래에서 가장 고생한 사람(참고로 이 어부들은 맨손으로 낚싯줄을 당겨서 거대한 참치를 잡기 때문에 굳은살과 상처로 성한 손이 없다)들은 참치 가격의 20분의 1 정도밖에 받지 못하지.

그런데도 그 돈을 받고 기뻐하는 어부들은 순수해 보이면서도 한편으론 안타까운 마음이 들기도 했다. 그리고 더 안타까운 건 그 돈을 받아서 시계와 핸드폰을 산다며 곧장 써버리는 그들의 모습이었어. 그 광경을 보면서 나는 자본주의 사회의 가장 핵심적인 내용을 새삼 떠올릴 수 있었단다.

## 승자가 되려면 핵심 자산을 소유하라

일단 배를 소유한 선주는 배를 빌려주는 것만으로도 큰 고생 없이 가장 많은 돈을 벌어들일 수 있다. 왜 그럴까? 앞에서 말한 어부보다 일은 훨씬 적게 하는데 말이다. 그 이유는 선주는 배라는 자산을 소유한 사람이기 때문이다. 마찬가지로 땅이라든지 아파트를 소유한 사람들은 가지고 있는 자산을 다른 사람들에게 빌려주고 돈을 벌 수 있다. 또 그 자산은 부동산이기 때문에 현금 가치를 떨어트리는 인플레이션도 어느 정도 방어할 수 있다.

입지 좋은 곳의 상가를 소유한 사람은 임차인이 장사하다가 망해 나가도 상관이 없다. 임차인이 망하면 다시 다른 사람에게 빌려주면 그만이다. 심지어 임차인은 망해서 나가면서도 보증금을 받으려면 상가를 원상복구하고 나가야 한다. 입지만 좋다면 어차피 계속 누군가는 또 들어올 것이다. 그리고 월세를 계속 상가 소유주에게 낼 것이다. 핵심 자산을 소유한 사람이 자본주의 생태계의 가장 상위에 있는 사람인 것이다.

그 아래에 있는 사람이 바로 앞 사례에서 언급한 선장이 되겠다. 이 사람들은 중간관리자 격으로 밑에 있는 사람들을 관리하면서 돈을 받는다. 이들은 직접 낚시를 하지 않는다. 배를 몰고 전체적으로 관리만 할 뿐이다. 그래도 어부들보다 더 많은 돈을 받는다.

이들도 물론 일을 하기는 한다. 하지만 땡볕에서 손으로 물고기를 끌어 올리는 단순노동이 아니라 배를 몰고 물때를 보면서 고기 잡을 포인트를 찾아가는, 나름대로 전문 지식과 경험이 요구되는 일을 한다. 그래서 일의 단순노동 강도는 낮고 보수는 더 높다. 이른바 전문직이라고도 할 수 있겠다. 이들은 일반 월급쟁이들보다 보수도 많고 삶의 질도 더 높을 수 있다. 그런데 문제는 아무리 전문직이라도 결국 일을 해야 한다는 점이다.

자본주의 생태계의 가장 하단에 있는 사람들은 직접 물고기를 낚는 어부들이다. 이들은 목숨을 걸고 풍랑에 맞서 싸우면서 맨손으로 물고기를 낚아 올린다. 물고기가 입질하는 미세한 촉감을 느끼기 위해 장갑도 못 낀다고 한다. 가장 오래 일하고 가장 많이 일하지만 가장 적은 돈을 받는다. 회사라는 거대 생태계로 본다면 월급을 받아 생활하는 월급쟁이들이라 할 수 있겠다.

정리해보자. 회사가 커지면 커질수록 회사의 오너는 가장 많은 돈을 벌고 그다음은 중간관리자들이, 마지막으로 월급쟁이 회사원들이 월급을 올려 받는다. 그렇지만 다들 만족해하며 일한다. 마치 참치 값의 20분의 1밖에 안 되는 돈을 받고도 기뻐하는 어부들의 모습과 비슷하다. 그리고 돈을 받고 바로 시계를 사러 가던 어부들처럼, 월급을 받으면 분수에 맞지 않는 지출을 하거나 그동안 밀린 카드값으로 모두 써버리는 월급쟁이들이 많다. 그 돈으로 자산을 사서 상위 단계로 올라갈 생각을 하지 않고 당장 눈앞의 행복을 위해 사는 사람들이 생각보다 많다.

아들아, 네가 보기엔 선주와 선장, 어부 중 누가 자본주의 시스템의 승자가 될 것 같니? 곰곰이 생각해보길 바란다.

## 투자를 통해 자산가의 삶으로 올라가라

결국 핵심 자산을 소유한 사람이 계속해서 부를 쌓아갈 수 있다. 핵심 자산이 없으면 자신의 노동력이 버텨줄 때까지는 노동을 통해 먹고살 수는 있겠지만, 계속 힘든 일을 하면서 돈을 벌어야 한다. 그마저도 나이가 들어 노동력이 약해지면 그때의 삶은 생각하기 싫을 정도로 비참해질 것이다. 한마디로 현대 자본주의 사회에서는 핵심 자산을 소유하고 있어야 인플레이션을 방어할 수 있고, 내 노동력의 경쟁력이 사라질 때도 그 자산이 나를 대신해 일하게 해서 내게 돈을 가져다줄 수 있다.

그러니 비록 세 번째 노동자로 시작했다고 해도 끊임없이 자신의 능력을 키워서 수입을 늘리고 지출을 줄여 종잣돈을 확보하고, 그 종잣돈으로 투자해서 핵심 자산을 소유하게 된다면 가장 꼭대기에 있는 자산가의 삶으로 올라갈 수 있다. 만약 전문직으로 시작한다면 대체로 수입이 일반 노동자보다 많기 때문에 그 시작점이 더 앞에 있다. 그러면 월급쟁이와 똑같은 노력을 들여도 더 빠른 시기에 자산가의 삶에 다가갈 수 있다.

월급만으로는 결코 부자가 될 수 없으며 부자가 되려면 핵심 자산을 소유해야 한다. 이 사실을 빨리 깨달으면 깨달을수록 부자가 될 가능성이 더 커진단다. 이 자본주의 원리를 꼭 깨우치길 바란다.

# 인플레이션과 화폐가치

아들아, 어제는 엄마, 동생과 함께 놀러 나가서 자전거도 타고 점심으로 설렁탕도 먹었지. 그런데 내가 조금 놀랐던 건 1만 원이 넘어가는 설렁탕 가격이었단다. 예전에 아빠가 대학생이었을 때만 해도 6,000원이면 설렁탕을 사 먹을 수 있었는데 어느새 설렁탕 가격이 많이 올랐더구나.

더 놀라운 사실을 알려줄까? 아빠가 초등학생, 중학생이었을 때는 3,000원이면 웬만한 식사 한 끼는 해결할 수 있었단다. 지금은 햄버거 단품 하나도 사 먹기 힘든 돈이지만, 아빠는 중학생 때 친구들과 함께 3,000원짜리 제육볶음을 먹었던 게 기억난다. 이처럼 물건의 가격인 '물가'는 오르고 '화폐가치'는 떨어지는 것을 '인플레이션'이라고 한단다.

## 적정 수준의 인플레이션은 경제에 활기를 불어넣는다

그러면 10년 뒤 설렁탕 가격은 어떻게 될까? 10년 뒤에도 1만 원일까? 아니면 더 오른 가격일까? 아마 더 오를 수밖에 없을 거야. 왜냐하면 설렁탕에 들어가는 고깃값도 올라가고, 일하시는 분들 인건비(월급)도 올라가고 하니까 말이야. 가게를 빌리는 데 필요한 월세도 오르지 않을까? 이처럼 매해 올라가는 정도의 차이는 있지만 물가는 매해 오르고 있단다.

그런데 만약 물가가 10퍼센트 이상 크게 올랐다고 하자. 1만 원내고 사 먹던 설렁탕이 당장 1만 1,000원이 되고 자동차에 넣을 기름이 5만 원에서 5만 5,000원이 된다면 어떻게 될까? 갑자기 먹고 살기가 팍팍해지지 않을까? 써야 할 돈이 많아지니 말이다. 게다가 물가는 10퍼센트 이상 올랐는데 월급은 2퍼센트 올랐다고 한다면 물가 대비 월급은 오히려 줄어든 것이라고 볼 수 있다. 그러면 평범한 월급쟁이들의 삶은 더 힘들어지겠지.

그래서 정부는 물가 안정을 최우선으로 내세우고, 물가를 적당한 수준에서 안정시키고자 노력한단다. 그러면 이렇게 생각을 해볼 수도 있어. 만약 물가가 떨어지면 더 좋지 않을까?

1만 원 내고 사 먹던 설렁탕이 5,000원이 되고 10만 원에 사 입던 옷이 5만 원이 된다면 적은 돈을 내고도 생활할 수 있으니 삶이 더 좋아지지 않을까? 그러나 실제로 물가가 떨어지면 어떤 일이 생기는지 한번 생각해보자[이렇게 물가가 떨어지는 것을 '디플레이션 (deflation)'이라고 부른단다].

만약 물가가 떨어지면 기업들은 10만 원에 팔던 것을 5만 원에 팔아야 하니 영업 이익이 크게 줄어들 거야. 게다가 사람들 역시 물가가 떨어지고 있는데 굳이 지금 물건을 사려고 하지 않겠지. 그러면 물건은 더 안 팔리고 가격은 더 내려갈 거야.

이런 상황에서는 기업의 경영이 어려워질 수밖에 없단다. 그러면 회사에서 일하고 있는 사람들을 정리해고하는 등 구조조정을 단행해야겠지? 인력 감축을 많이 해야 하고 직원들의 월급도 줄여야 할 거야. 그러면 월급이 줄어들거나 해고된 사람들이 소비할 여력이 없어져서 물건을 최소한으로 사거나 아낄 수밖에 없겠지.

결국 판매는 더욱더 줄어들고 기업은 상황이 더 안 좋아질 거야. 물가가 떨어지면 이런 악순환이 계속 반복될 수밖에 없단다. 그래서 정부는 물가가 떨어지는 걸 경계하고, 적정한 수준으로 조금씩 물가가 오르기를 바라지.

물가가 오르는 것을 앞서 말했듯이 인플레이션이라고 한단다. 인플레이션은 적정 수준으로 발생하면 물건을 파는 기업들의 영업 이익이 늘어나지. 그러면 기업은 새로 사람도 뽑고 공장도 짓고 기존 직원들의 월급도 올린단다. 직원들은 오른 월급으로 백화점에 가서 쇼핑도 하고 관광지에 여행도 가지. 그렇게 소비가 살아나고 경제 전반에 돈이 돌게 된단다.

## 현금이냐, 부동산이냐

하지만 인플레이션이 진행되면 될수록 화폐가치는 떨어질 수밖에 없단다. 생각해보렴. 물가가 오르는 것이 인플레이션인데 물가가 오르면 돈의 가치는 어떻게 될까? 예를 들어 1,000원짜리 음료수가 2,000원으로 가격이 올랐다고 하자. 그러면 전에는 1,000원으로 음료수 1개를 살 수 있었는데 이제는 살 수 없으니 1,000원의 실제 가치는 떨어진 거지. 음료수 1개를 사려면 1,000원이 더 있어야 하니 이제 1,000원은 예전으로 치면 500원과 똑같은 가치가 되었다고 볼 수 있어. 따라서 물가와 돈의 가치는 반비례 관계라고 할 수 있단다.

게다가 한국은행에서는 돈이 필요할 때마다 화폐를 찍어내고 있단다. 정부가 매년 대규모 토목사업도 벌이고 복지 사업도 해야 하는데 어디서 돈이 나서 하겠니? 세금으로 충당하는 것도 한계가 있기 때문에 정부는 돈이 부족할 때 채권이라는 것을 발행한단다. 채권은 지금 돈을 빌리고 나중에 돈을 갚겠다고 정부가 약속한 어음을 말해.

예를 들어 정부에서 10년 만기 1만 원짜리 채권을 연 2퍼센트 금리로 발행했고 내가 그 채권을 산다면, 10년 후 정부에 채권을 돌려주고 1만 원을 받을 수 있고 연 2퍼센트 금리니까 1년에 1만 원의 2퍼센트씩 이자로 받을 수 있는 거야. 이렇게 정부에서는 대규모로 채권을 발행하고 한국은행은 그 채권을 받고 돈을 찍어 정부에 빌려주는 거지. 정부는 그 돈으로 대규모 사업들을 벌일 수 있고 말이야. 이런 것들이 바로 시중에 떠돌아다니는 돈의 양을 늘린단다.

또 돈은 '신용창조'를 통해 늘어나기도 해. 예를 들어 은행에서 돈을 빌리는 걸 떠올려볼까? 그러려면 먼저 지급준비율이란 것을 알아야 해. 지급준비율이란 은행이 일정 금액의 돈을 준비해놓는 것이라고 생각하면 쉽단다. 누군가가 돈을 찾으러 올 때라든지, 이런저런 상황이 일어날 것을 대비해 어느 정도의 돈을 갖고 있어야 한다는 것이지.

만약 은행에 100억 원이 있다면 10퍼센트의 지급준비율이라고 할 때 100억 원의 10퍼센트, 즉 10억 원은 은행에서 갖고 있고 나머지 90억 원을 대출해줄 수 있다고 하자. 그런데 A라는 사람에게 90억 원을 대출해줬다고 해볼까? 그리고 A가 그 돈을 B에게 주고 아파트 공사를 시켰다고 하고, B는 공사 대금으로 받은 돈 90억 원을 다시 은행에 저금했다고 하자. 그러면 은행에 또 90억 원이 들어오고, 은행은 여기서 지급준비율 10퍼센트인 9억 원을 제외한 81억 원을 또다시 C에게 대출해줄 수 있다.

자, 처음 있던 100억 원이 벌써 181억 원으로 늘어났지? 이 과정이 반복되면 시중에 풀리는 돈은 계속 늘어나는데 이것을 신용창조라고 부른단다.

이렇게 시중에 돈이 계속 풀리는 걸 '통화량'이 증가했다고 한다. 그런데 이런 통화량 증가는 거의 필연적으로 화폐가치의 하락과 인플레이션을 발생시키지.

2022년 하반기에 기축통화인 달러를 가지고 있는 미국은 물가 상승률이 약 8퍼센트까지 치솟아서, 인플레이션을 잡기 위해 금리를 크게 올렸어. 우리나라 역시 물가상승률이 만만치 않은 상황이지. 우리가 가진 돈의 구매력은 줄어들 수밖에 없다. 이런 인플레이션 아래에서는 그 가치를 유지 혹은 상승시킬 수 있는 다른 자산들로 내가 가진 돈과 교환해야 한단다.

그런데 통화량 그래프를 찾아보면 놀라운 사실을 하나 찾을 수 있어. 사실 세계는 단 한 번도 통화량이 줄어든 적이 없단다. 게다가 2008년 금융위기 때 그리고 2020년 코로나 때는 위기를 막기 위해 중앙정부에서 돈을 뿌리자 통화량이 엄청나게 큰 폭으로 증가했지.

앞서도 말했지만 통화량의 증가는 필연적으로 인플레이션을 불러온다. 그리고 앞으로 통화량은 많든 적든 간에 계속해서 늘어나겠지. 급격한 금리 인상 시기에나 위급한 경제위기 상황에서 현금을 보유하는 것도 훌륭한 전략이 될 수 있지만, 결국 현금을 장기 보유하는 것보단 실물자산인 부동산을 장기 보유하는 게 인플레이션과 화폐가치 하락의 관점에서는 더 훌륭한 투자가 될 수 있단다.

## 돈 냄새를 잘 맡아야 한다

아들아, 단도직입적으로 말하마. 부자가 되려면 시쳇말로 '돈 냄새' 를 맡을 수 있어야 한단다. 돈 냄새를 맡을 수 있다는 건 투자할 때 어떤 것이 돈이 될지, 어떤 곳에 돈이 모일지, 앞으로 어디가 개발 될지 등을 파악할 수 있다는 걸 말한다.

### 돈이 될 만한 것을 찾아내는 안목

잠깐 옛날이야기 하나 해줄게. 예전에 백선행이라는 평양 갑부가 있었다. 일제강점기 때 여성으로 지금보다 훨씬 행동에 제약이 많 던 그 시절에 어마어마한 부자가 되었지. 당시 일본이 우리나라를 침공해 강제로 합병하면서 일본인들이 우리나라에 대거 몰려왔단다. 그런데 목재로 집을 짓던 우리나라 사람들과 달리 일본인들은 시멘트로 건물을 지었고, 이에 따라 시멘트 수요가 크게 늘어났다. 이쯤 되면 너도 눈치챘을지 모르겠다. 그래, 바로 백선행이 시멘트의 원료인 석회석이 가득 묻힌 산을 가지고 있었단다. 당시만 해도 산에 석회석이 많으면 물이 좋지 않아 싼값에 산을 살 수 있었지. 나중에 석회석이 묻힌 산을 구하는 일본인에게 큰돈을 받고 팔 수 있었다고 한다. 한마디로 돈 냄새를 아주 잘 맡은 예라고 할 수 있지.

## 남들이 생각하지 못한 곳에 답이 있다

그렇다면 투자는 어떨까? 아빠의 경우를 예로 들자면 아빠는 예전에 이런 생각을 했었단다. 도심의 핵심 위치에 있는 아파트들이 계속 낡아가고 있는데, 사람들이 신축을 좋아해서 지금은 신도시의 새 아파트들이 구도심의 낡은 아파트보다 더 좋은 평가를 받고 있지만 이 낡은 아파트들이 계속 낡은 상태로 있지는 않으리라고 말이야. 분명 언젠가는 개발될 것이고, 설령 개발되지 않는다고 해도 주변 인프라 및 핵심 입지가 어디 가지는 않으리라고 여겼다. 오히려 낡아갈수록 그 가치가 더욱 커질 것이라고 봤지. 그리고 개발이 되려면 고층보다 저층 아파트들이 안전진단 통과나 대지지분(垈地持分)에서도 월등히 유리하다고 봤단다(대지지분에 대해서는 뒤에서 자세히 설명하겠다).

당시 서울의 핵심지 저층 아파트들은 이미 가격이 상당히 오른 터라 나는 경기도와 인천에서 학군과 인프라가 좋은 지역 중심으로 저층 아파트들을 찾기 시작했다. 다행히 서울의 핵심지 아파트 위주로 가격이 오른 터라, 경기도와 인천의 핵심 지역 5층 주공 아파트들을 선점할 수 있었다. 그런 다음 1년 정도 지나니 대지지분이 많은 저층 아파트들이 큰 폭으로 가격이 오르더구나.

지금이야 대지지분 많은 5층 주공 아파트에 투자하려는 사람들이 많지만 2019년만 해도 수도권의 핵심지임에도 불구하고 오래된 저층 아파트들이 꽤 낮은 가격에 매물로 올라와 있었다. 이렇게 다른 사람들보다 먼저 돈이 될 만한 곳을 찾는 능력을 키우는 게 투자의 세계에서는 정말 중요하단다.

그리고 하나 더 예로 들면 나는 지하철이 새로 뚫리는 곳을 주목했다. 신안산선의 경우 상당히 오랜 기간 사업이 지지부진하면서 별로 주목을 받지 못했지. 신안산선의 혜택을 가장 많이 받을 수 있는 안산은 그동안 많은 공급으로 가격이 상당히 내려갔었고, 신안산선이라는 지하철 호재(好材)가 너무 긴 시간 동안 사업이 표류하다 보니 사람들 역시 신안산선에 대해 긴가민가했단다.

마침 모 부동산 카페에서 글을 보다가 어떤 사람이 안산 중앙역에서 지하철 공사를 위해 지질 검사를 하는 사진을 찍어 올린 것을 발견했다. 지질 검사를 할 정도면 지하철 착공까지 8부 능선을 넘은 거라고 판단했지. 그리고 지하철이 착공되어 개통된다면 그 일대의 땅값(지가)은 당연히 오를 것이라고 결론 내렸다.

그래서 당시 물량 과다로 안산의 분위기가 좋지 않았음에도 불구하고 중앙역 근처에서 재건축이 진행되던 안산 중앙주공 5단지를 저렴한 가격에 사러 갔지. 그날 비가 엄청나게 왔는데, 오히려 이런 날씨에 부동산에 가야 손님이 없어서 내게 잘해주리라 생각하며 길을 나섰다.

그리고 그날 바로 돈을 여기저기 끌어모아 매수 계약을 했다. 모자라는 돈을 확보하기 위해 해당 아파트 주택담보대출 가능 여부를 알아보러 주변 은행들을 돌아다녔지. 주택담보대출을 받아서 잔금을 치를 때 은행의 상담직원분이 왜 안산 같은 곳을 매수하는지 모르겠다는 표정으로 갸우뚱했던 게 아직도 기억난다. 분당 쪽에 있는 모 은행에서 대출을 받는데 당시 아무도 '안 산다고 해서 안산'이라고 놀림을 받던 곳의 오래된 아파트를 산다고 하니 당연한 반응이었을지도 모르지.

그렇게 과감하게 행동했던 가장 큰 이유는 신안산선이라는 지하철이 만약 착공된다면 당연히 역 주변의 땅값이 오르리라고 여겼기 때문이다. 그래서 대지지분을 많이 보유한 역세권의 5층 주공 아파트를 샀던 거였지. 당시 2억 원대 초중반의 가격에 매수한 안산 중앙주공 5단지 아파트는 이제 곧 39평의 새 아파트로 변신을 하게 된다. 예전 전고점보다는 다소 조정을 받았다고 해도 현재 거래 가격은 5억 원을 넘은 상황이니, 투자 차원에서 꽤 괜찮은 결과를 얻어낸 셈이다.

　이처럼 무엇이 돈이 될지 남보다 빨리 알아채야 한다. 즉 돈 냄새를 맡을 수 있어야 한다. 나는 네가 돈 냄새를 맡을 수 있는 능력을 키웠으면 좋겠구나. 그러려면 주변에 홍수처럼 떠다니는 정보 중에서 돈이 될 만한 핵심 정보를 잘 발견할 수 있어야 하고, 그 정보를 확인하고 검증할 수 있어야 한다. 특히 남들이 보지 못하는 것들을 볼 수 있어야 한다. 그리고 확신이 들면 과감하게 실행할 수 있는 결단력도 있어야 한다.

위기를 기회로
활용하는 법
: 레버리지와 리스크

지금부터 내가 질문하는 내용에 대해 한번 곰곰이 생각해보려무나. 예를 들어 A라는 지역이 있다고 하자. 이곳이 공급부족, 시중의 유동성 등으로 크게 오를 것이 예상된다면 너는 어떻게 할 거니? 당연히 레버리지를 최대한으로 이용해서 가급적 많은 곳에 투자하려고 하지 않을까?

여기서 레버리지를 신용대출이나 담보대출 등이라고 생각할 수도 있겠지만 내가 생각하는 부동산 투자의 최대 레버리지는 바로 전세금을 이용하는 것이란다. 예를 들어 네가 3억 원짜리 집을 사는데 2억 8,000만 원에 전세입자를 들인다면, 너는 2,000만 원의 자금을 이 집에 투자한 것이고 전세금 2억 8,000만 원을 레버리지로 활용한 것이지. 이렇게 전세금을 이용해서 여러 채에 투자하면 그것이 바로 레버리지를 극대화하는 행위라고 할 수 있어.

이런 방법은 공급부족으로 전세가가 오르면서 매매가를 밀어 올리는 상황이라면 전혀 문제 될 게 없단다. 오히려 극대화된 레버리지로 최대한의 수익을 뽑아낼 수 있지. 이때 흐름을 잘 탄 사람은 곧바로 은퇴해도 될 만큼의 수익을 단 한 번의 투자로 뽑아내기도 한단다.

만약 3억 원짜리 집을 2억 8,000만 원의 전세금을 안고 자기 자본 2,000만 원으로 투자한다고 할 때 이런 집을 10채를 샀다고 해보자. 자기 자본은 1채당 2,000만 원씩 해서 10채이니 도합 2억 원이 들었을 것이고(2,000만 원×10채=2억 원) 레버리지는 1채당 2억 8,000만 원씩 10채이니 모두 더하면 28억 원이 되었을 것이다(2억 8,000만 원×10채=28억 원). 그리고 총자산은 3억 원짜리 집이 10채이니 30억 원이 되었을 것이다(3억 원×10채=30억 원).

여기서 전세금이 5,000만 원 올라서 3억 3,000만 원이 되고 매매가는 1억 원이 올라서 4억 원이 되었다고 해보자. 그러면 나는 집 1채당 2,000만 원을 투자해 1억 원을 번 것이니 500퍼센트의 수익을 낸 것이고, 집은 총 10채니 2억 원으로 10억 원을 벌어들인 것이다. 즉 총자산은 40억 원으로 늘어났다.

이처럼 상승기가 확실할 때 그리고 다른 변수들을 통제할 수 있을 때는 최대한의 레버리지로 부동산 여러 채에 투자해서 수익을 극대화할 수 있단다.

## 레버리지는 양날의 검이다

하지만 이런 투자는 양날의 검이라고 할 수 있어. 극대화된 이익을 뽑아낼 수도 있지만 다시 올라올 수 없는 절망에 빠질 수도 있기 때문이야. 만약 통제할 수 없는 변수가 등장해서 조정기 혹은 침체기가 오고 전세가가 하락한다면 이때는 정말 큰 문제가 생긴단다.

매매가 3억 원, 전세가 2억 8,000만 원, 내 순자본금 2,000만 원이 들어간 상황에서 매매가가 10퍼센트(3,000만 원) 하락했다고 해보자. 매매가가 2억 7,000만 원이 되는 순간 내 순자본금 2,000만 원은 이미 소멸되고 전세가보다 1,000만 원이 낮기에 심지어 빚이 1,000만 원 생긴 셈이지. 그런데 만일 10채를 투자했다면? 내 순자본금 2억 원은 순식간에 소멸되고 빚 1억 원이 생긴 거란다.

즉 레버리지를 극대화하는 건 상승기가 확실할 때 사용하면 적은 자금으로 최대한의 이익을 끌어낼 수 있는 좋은 방법이지만, 자칫 하락기가 와서 가격이 하락한다면 내 순자본금 소멸은 물론 빚까지 생길 수 있는 치명적인 시도가 된단다.

사람들은 상승이 계속되면 그 분위기에 쉽게 취하지. 계속 오를 것같이 보이고, 떨어질 것 같은 이유가 보이지 않는단다. 또 실제로 멈췄다 올랐다를 반복하면서 어느새 오르는 것이 당연하게 여겨지는 순간들이 오지. 이때가 정말 조심해야 할 때다. 혹시 조정이 오더라도 금방 조정이 끝나고 다시 크게 상승할 것처럼 보일 때가 있다. 이럴 때 리스크(risk) 관리 없이 레버리지를 극대화한다면 어쩌면 다시는 회생 불가능한 상태가 될지도 모른다.

## 감당할 수 있을 만큼만 레버리지를 사용하라

다시 한번 강조해서 말하마. 레버리지를 활용하는 것은 좋지만 리스크가 따를 수 있단다. 그러니 늘 조심하고 네가 감당할 수 있는 범위에서만 레버리지를 사용하거라. 이번에 크게 벌고 은퇴하겠다는 마음으로는 투자라는 전쟁터에서 승리할 수 없다. 그렇다고 '쫄보'가 되라는 게 아니다. 한탕주의에 빠져 빚 무서운 줄 모르는 사람도 문제지만 레버리지를 무서워하는 사람도 똑같이 문제다. 그러니 이 점을 명심하고 늘 겸손하고 조심해라.

나는 언제 어디서 어떤 변수가 등장할지 모르기 때문에 극단적인 레버리지는 최대한 조심하는 편이다. 위기는 언제나 우리의 예상과 다르게 아무도 몰래 갑자기 찾아오는 경우가 많거든. 지금까지의 역사를 미루어 봤을 때 IMF라든지 미국 금융위기라든지, 위기는 전혀 예측할 수 없는 상황에서 갑자기 들이닥쳤다(만약 위기를 예측할 수 있는 사람이 있다면 그 사람은 전 세계의 모든 부를 거머쥐었겠지). 그리고 기회 역시 위기와 공포 속에서 어느새 조금씩 모습을 드러낸단다.

만약 부동산에서 미처 대비하지 못한 하락장이 갑자기 들이닥친다면 우리 가정의 최후의 보루는 우리가 살고 있는 집이란다. 정말 최악의 순간이 왔을 때 우리가 사는 집을 다른 사람에게 전세로 내주고, 우리는 싼 곳에서 월세로 살면서 전세금을 받아 위기 상황(보통 부동산 시장에서 임대인의 가장 큰 위기 상황은 역전세일 것이다)을 버텨낼 수 있는지 생각해보는 거지. 출퇴근 시간이 왕복 4시간 걸려도 나는 상관없다. 만약 새벽 4시에 일어나서 출퇴근해야 한다 해도 그런 상황이라면 버텨내겠다는 각오가 되어 있단다.

즉 나는 내가 사는 자가(自家)의 전세가(최근 '임대차 3법'에 따라 오를 대로 오른 전세가를 기준으로 삼지 않고, 가능하면 주변에 공급이 많아서 좋지 않았던 상황에서도 임차인의 선택을 받았던 전세가를 기준으로 한다)를 기준으로 해서 그 전세금으로 최악의 상황을 버틸 수 있는지 고려하고 그 이상을 넘어가는 레버리지 활용은 최대한 조심한단다. 다행히 엄마와 아빠는 어떤 위기가 와도 잘리는 직업은 아니기 때문에 안정적으로 들어오는 맞벌이 월급이 있다.

아빠는 위와 같은 대응으로 최악의 상황을 벗어날 수만 있다면 괜찮다고 본다. 그리고 기회는 위기 속에서 찾아오는 법이다. 그래서 어느 날 갑자기 하락장이 오더라도 충분히 버틸 수 있다고 보는 것이다.

불로소득은
정말로 나쁜 걸까?

지난 몇 년간 부동산 상승장이 지속되면서 부동산 투자로 큰돈을
벌어들인 사람들에 대해 부정적으로 바라보는 사람들이 많더구나.
부정적으로 생각하는 근거 중 하나는 별다른 일을 하지 않았음에
도 투자한 부동산으로 시간이 지남에 따라 큰 시세차익을 얻는다
는 것, 즉 불로소득(不勞所得)을 벌어들인다는 점이다.

　불로소득을 말 그대로 풀어 쓰면 노동하지 않고 벌어들이는 소
득이라는 뜻인데, 이렇게 노동 없이 얻은 소득이 정말 문제인 걸
까? 한번 생각해봤으면 좋겠구나.

## 부동산 투자로 얻은 이익을 불로소득으로 보는 이유

만약 부동산 투자를 통해 얻은 이익을 불로소득이라고 한다면, 주식이나 예금 역시 노동하지 않고 벌어들이는 소득이라는 점에서 불로소득이라고 할 수 있다. 즉 부동산 시세차익과 같은 범주로 해석할 수 있다는 이야기다. 특히 예금을 통해 얻는 이자를 대부분 사람은 불로소득이라고 보지 않는데, 아빠는 예금 역시 투자의 한 종류라고 생각한다.

만약 집값이 내일부터 무조건 오른다고 하면 집을 사지 않을 사람이 몇 명이나 될까? 아마 모든 사람이 빚을 내서라도 어떻게든 최대한 많은 집을 확보하려고 하지 않을까? 그런데 사람들이 집을 사거나 주식을 사지 않는 이유는 집값이나 주가가 하락해 투자한 원금을 잃을 가능성이 있기 때문에 최대한 원금이 보장되고 안정적인 수익이 보장되는 예금을 선택하는 것이다. 즉 예금은 어떻게 보면 리스크의 최소화에 베팅한 거지. 그런데도 예금 이자는 불로소득으로 비난받지 않고 부동산 투자는 비난을 받으니 이 부분은 한번 고민해볼 만한 문제다.

아마도 예금이나 주식과 다른, 부동산 시장만의 독특한 특성에 그 이유가 있지 않을까? 일단 예금이나 주식은 참여 여부를 결정할 수 있다. 내가 주식을 하지 않으면 그만이고, 예금을 넣지 않으면 그만이다. 그런데 부동산 시장은 조금 다르다. 내가 참여하길 바라지 않는다고 해서 참여하지 않을 수 있는 게 아니다. 예컨대 집을 매수하지 않았다고 해서 부동산 시장에 참여하지 않은 게 아니라는 이야기다. 집을 매수하지 않으면 전세나 월세로 다른 사람에게 집을 빌려서 살아야 한다. 즉 우리는 부동산 시장에 좋든 싫든 무조건 참여하고 있는 셈이란다.

몇 년간의 부동산 상승장에서 부동산 투자로 돈을 벌었다는 사람들은 늘어났는데, 싫든 좋든 부동산 시장에 전세나 월세로 참여한 사람들은 이 상승장에서 고스란히 소외되었다. 그렇다 보니 부동산 시세차익을 불로소득으로 바라보는 시선이 더욱 많아진 게 아닐까? 내가 참여하지 않은 주식시장에서 남들이 돈을 번 것과 내가 참여한 부동산 시장에서 남들이 돈을 번 것은 다른 의미니까 말이야.

## 부동산은 리스크가 큰 투자다

그런데 부동산 투자를 통해 얻은 이익을 무조건 불로소득이라고 비난하는 것도 생각해봐야 한다. 모든 투자에는 리스크가 있다. 물론 어떤 투자인지에 따라 리스크가 크거나 작겠지만 리스크가 없는 투자는 없다(심지어 가장 안정적인 투자라는 은행 예금도 은행이 망해서 돈을 날릴 가능성이 있단다. 그래서 국가가 보증하는 5,000만 원 이하로 예금 금액을 맞춰놓는 사람들도 있다. 아빠도 예전에 서울 아파트를 매도한 돈을

5,000만 원으로 쪼개서 여러 지역의 새마을금고에 나눠 보관했던 적이 있다).

그런데 부동산 투자는 리스크가 상당히 큰 편에 속한다. 하락장을 맞으면 투자한 원금을 날리기도 하고, 전세 금액이 떨어지면 임차인에게 떨어진 전세금을 돌려줘야 하는 경우가 생기기도 한다. 혹시 골치 아픈 누수라도 생기는 날에는 수리하는 것도 오롯이 집주인의 몫이다. 그런 점을 감안하면 안정성이 큰 은행 이자보다는 더 큰 이익을 가져가는 것이 당연해 보이지.

무엇보다 이렇게 부동산 투자를 하는 다주택자의 순기능도 한번 생각해볼 필요가 있어. 왜냐하면 다주택자가 소유한 여러 채의 집은 다주택자가 모두 들어가서 사는 것이 아니라 본인이 살 집 하나를 제외하고는 모두 다른 임차인들에게 세를 내주기 때문이다. 즉 임대차 시장에 여러 물건을 공급함으로써 전·월세 시장을 안정시키는 긍정적 기능을 하는 것이지. 전·월세 시장이 안정되면 매매 시장도 안정될 수 있다.

게다가 집을 사주는 다주택자가 있어야 건설회사들도 안정적으로 아파트 공급을 할 수 있다. 만약 다주택자들이 집을 사주지 않는다면 건설회사들도 줄어든 수요에 맞춰 공급을 진행할 텐데, 그렇게 되면 전반적으로 아파트 공급량이 감소하니 말이다(어떤 건설회사도 미분양을 각오하고 집을 짓지는 않을 것이다).

하지만 부동산에 투자하는 사람들 중에는 정말 비난받아야 할 사람들도 있지. 이른바 '깡통 전세'라고 해서 자신이 매수한 가격보다 더 높은 전세를 받는 건데 투자자들 사이에서는 이런 것을 '플러스 피'라고 해서 서로 칭찬해주기도 하는 모양이다.

아빠는 개인적으로 이런 식의 투자를 좋아하지 않는 쪽이야. 상승장이 계속된다면야 문제가 없겠지만 부동산 시장이 조정을 받거나 하락하면 이때는 이런 집들이 큰 문제가 되니 말이야. 임차인들이 나가고 싶어도 같은 전세금을 내고 들어올 다음 임차인이 없으면 임대인이 돈을 돌려주지 못하는 상황까지 올 수 있다. 즉 임대인이 자신의 잘못으로 임차인에게 피해를 준 것이니 당연히 비난을 받아야겠지. 그래서 아빠는 전세를 끼고 집을 사더라도 감당할 수 있는 선에서 전세 가격을 정해 임차인을 받는단다.

물론 상승장에서는 투자금을 최소화해서 최대한 많은 곳에 투자하는 것이 자산을 늘리기에 유리하다고 할 수 있지만 앞일은 아무도 모르는 법이다. 어떤 위기가 어떻게 올지 모르기 때문에, 부동산 투자를 하면서도 가능한 한 역전세 같은 리스크를 줄이고 임차인에게 피해를 줄 수도 있는 투자는 지양해야 해.

## 자본주의 사회에서 투자는 필수다

감당할 여력도 없으면서 이익에 눈이 멀어 아파트 수십 채를 쇼핑하듯 사들이는 것도 문제가 있다. 그러다 상황이 어려워지면 임차인들에게 전세금을 돌려주지 못하고 잠적해버리거나 해당 아파트를 경매로 넘겨버리기도 하니, 이런 행위들은 당연히 비난과 처벌을 받아야 한다고 생각한다.

그렇지만 아빠가 불로소득 이야기를 꺼낸 건 혹시라도 네가 부동산 투자가 불로소득이라는 생각에 사로잡혀 투자를 부정적으로 인식하고 멀리할까 봐 걱정되어서야. 앞에서도 계속 말했지만 나는 부동산 투자를 통해 얻은 이익이 불로소득이라는 말에 동의하지 않는다.

투자는 자본주의 사회를 살아가는 사람들에게 필수적인 행위다. 앞서도 말했듯이 예금이란 것도 일종의 투자로, 안정성에 중점을 두고 자산가치 하락에 베팅한 것이지. 만약 자본주의 사회에서 투자를 하지 않고 현금을 그대로 보관한다면 인플레이션이라는 거대한 괴물이 그 현금의 가치를 녹여버릴 거야. 그러니 불로소득이라는 말에 사로잡혀 투자를 부정적으로 인식하지 말고 오히려 돈 공부를 더 열심히 해서 건전한 투자를 했으면 한다.

네가 결혼할 때
꼭 들려주고 싶은 말

아직 먼 훗날의 일이지만 언젠가 네가 사랑하는 사람을 만나 결혼을 하고 가정을 꾸린다면 꼭 해주고 싶은 조언이 있다. 결혼 후 첫발을 어떻게 내디디냐에 따라 몇 년 뒤 결과가 엄청나게 달라지기도 하니, 부디 아빠의 조언을 주의 깊게 새겨들었으면 한다.

## 결혼할 때 어떻게 해서든 들어가 살 집을 사라

만약 집값이 그동안 상승기를 계속 거쳐왔고 예전과 비교했을 때 단기간에 급등했으며 사람들 모두가 집값에 열광하고 있다면 그때는 시기상 집을 사는 것을 고려해봐야 한다. 하지만 이런 상황이 아니라면 무리해서라도 집을 사도록 해라.

부자 아빠 부동산 수업

만약 전세를 산다면 전세 기간 2년을 그냥 날려버리는 셈이 되고 너는 너의 소중한 전세자금을 집주인에게 무이자로 빌려주는 것이다. 2년 뒤에 전세는 물가상승률(화폐가치의 하락)을 반영해 지금보다 오를 가능성이 크고 집값 역시 2년 동안 오를 가능성이 크지. 그러니 최소한 시간이 네게 돈을 벌어다줄 수 있도록, 무리해서라도 네가 살 집을 사도록 해라.

만약 거주할 집을 도저히 사기 힘든 상황이라면 저렴한 외곽 지역에서 전·월세를 살면서 종잣돈을 모아 괜찮은 지역에 투자하도록 해라. 즉 '투자와 거주를 분리'하라는 말이다. 이것이 시간이 네게 돈을 벌어다주게 하는 방법이다.

아빠는 분당 느티마을 공무원 아파트에서 신혼을 시작했다. 전세자금 3억 5,000만 원으로 시작했는데, 당시 우리가 살던 집 가격이 5억 원대 초반이었다. 1억 5,000만 원만 더하면 집을 살 수 있었지. 이 돈은 신용대출로 충분히 마련할 수 있었고, 안 되면 주택담보대출로 집을 살 수도 있었던 때였다.

무엇보다 당시 느티마을은 리모델링을 추진 중이어서 분명 좋은 호재가 있음을 남들보다 먼저 알았지만 그때 나는 리모델링이 무엇인지, 우리 아파트는 지금 어느 단계인지 등 알아보려는 노력도 하지 않았다. 그저 이 아파트가 너무 낡아서 녹물이 나오고 밤마다 주차난에 시달리는 열악한 단지인 걸 한탄하기만 했지.

집주인은 우리가 살던 중에 집을 매도하기 위해 내놓았고, 당시 용인 성복동의 아파트에 살고 있던 사람이 샀다. 갭 1억 5,000만 원으로 투자했고 내 전세자금은 3억 5,000만 원이니 어찌 보면 내 전세금이 그 집주인의 돈보다 훨씬 큰 셈이다. 그렇지만 그 사람은 집주인이 되었고 나는 여전히 임차인이었지.

문제는 이 느티마을 아파트가 분위기를 타더니 공급부족과 리모델링 이슈 등으로 가격이 상승하기 시작했다. 지금 가격은 14억 원 언저리이니 그 집주인은 1억 5,000만 원으로 수억을 넘게 벌어들인 것이다.

반면 낡은 아파트에서 4년 동안 산 나는 임차인으로서 어떤 혜택도 받지 못하고 4년간의 전세 계약 만료 후 물가상승률만큼 가치가 떨어진 전세금 3억 5,000만 원을 돌려받았다. 4년 전에는 3억 5,000만 원으로 핵심지에 투자할 수 있었지만 이후 3억 5,000만 원으로 할 수 있는 투자는 떨어진 돈의 가치만큼이나 핵심지에서 멀리 떨어진 외곽으로 바뀌어버렸지.

이해되니? 상승기에는 모든 혜택을 집주인이 가져가고, 하락기에는 계약이 만료되기 전까지 임차인은 비싼 가격에도 전세를 살아줘야 한다. 물론 하락기에 계약이 만료되어 역전세가 발생하면 집주인에게도 리스크가 생기지만 리스크 대비 수익은 집주인이 월등히 유리한 구조다. 무엇보다 자본주의 사회에서 발생할 수밖에 없는 인플레이션을 임차인은 어떤 방어도 하지 못하지만 집주인은 방어할 뿐만 아니라 모든 혜택을 가져간다.

그래서 아빠는 이제 새로운 시작을 하려는 네가 가능하면 임차인으로 시작하지 말고, 어떻게 해서든 집을 샀으면 하는 거란다. 아니면 저렴한 외곽 지역에 살면서 주거비를 줄이고 종잣돈을 모아 핵심지에 투자했으면 한다.

## 가격이 비싸더라도 핵심 지역에서 시작하라

이 조언은 언뜻 별것 아닌 것 같지만 정말로 중요하단다. 그 예로 황당하지만 웃지 못할 이야기를 하나 해줄까? 아빠가 일하는 곳의 동료 한 사람은 개포동 신축 아파트에 살면서 집값이 30억 원을 왔다 갔다 하는데, 또 다른 동료는 노원구 주공 아파트에 살면서 녹물과 주차난에 시달리는데 집값은 6억 원이 간신히 된단다. 똑같이 교직에 있는데 너무 차이가 심하지.

시작은 같았다고 해. 다만 발령을 어디로 받았느냐가 달랐을 뿐이었어. 다시 말해 비슷한 처지에서 똑같이 교사로 일하기 시작했는데 한 사람은 개포 인근의 학교에 발령받아 근방의 주공 아파트를 샀고 그 아파트가 사업성(대지지분이 많아서 일반 분양 물량이 많이 나오거나 입지가 좋아서 비싼 가격에 분양할 수 있으면 사업성이 좋다고 할 수 있다)이 좋아 신축으로 재건축이 되었다.

다른 한 사람은 노원의 학교로 발령받아 역시 근처에 있는 주공 아파트를 샀는데, 여기는 사업성이 높지 않다 보니 재건축이 아직

되지 않았고 가격은 여전히 6억 원 정도인 것이다(노원도 이번 상승장에서 많이 오르긴 했다).

그런데 앞으로의 상승 폭 역시 강남이 노원보다 훨씬 클 것이다. 분명 시작은 같았는데 노후에 이들이 겪을 상황은 완전히 달라져버린 것이다. 한 사람은 은퇴 후 해외여행을 다니면서 살 것이고, 한 사람은 은퇴 후 연금으로 먹고사는 데는 지장이 없겠지만 하고 싶은 대로 여유롭게 살기는 어려울 것이다.

처음 선택이 이렇게 중요하다. 아빠도 결혼하고 분당에서 시작했는데 덕분에 분당이 실거주지로서 얼마나 좋은지, 좋은 회사들이 근처 판교와 분당에 얼마나 들어오고 있는지 알 수 있었단다. 그리고 부동산 공부를 하면서 핵심 지역이 갖는 입지적 우위를 깨달을 수 있었지.

그래서 2018년 분당 느티마을 아파트를 7억 5,000만 원에 매수하려고 알아봤는데, 당시 과천 재건축 아파트의 중도금을 내는 문제로 돈이 부족해서 실제 매수까진 이어지지 못했다. 대신 분당 바로 아래에 있는 용인 수지 역시 살기에 괜찮은 여건을 갖추고 있어서 분당의 상승세를 곧 따라갈 것이라 생각해 수지에 실거주할 집을 마련했다.

만약 처음 시작을 분당이나 수지보다 조금 뒤떨어진 용인 동백이나 더 밑인 상갈과 수원, 이쪽에서 시작했다면 아마 집도 그쪽에 샀을 것이다. 사람이란 자신이 사는 곳에 익숙해지면 다른 곳으로 가기 어렵다. 그리고 자신이 사는 곳이 제일 살기 좋다고 생각한다. 그러나 상급지와 하급지의 가격은 나중에 가면 걷잡을 수 없이 크게 벌어진단다. 강남과 노원도 처음에는 가격이 비슷했지만 나중에는 몇 배나 가격 차이가 났음을 명심하거라.

사람들은 보통 처음 시작한 곳에서 대부분 정착하고 살기 마련이다. 그래서 처음부터 가장 좋은 곳에 가라는 것이다. 네가 언젠가 결혼하고 첫 보금자리를 구할 때 이 말을 꼭 기억했으면 좋겠구나.

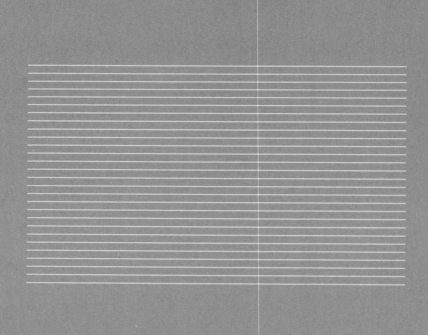

· 2장 ·

Real Estate Lessons
from a Rich Dad

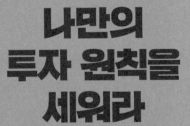

# 나만의
# 투자 원칙을
# 세워라

모든 투자 결정은
스스로 해야 한다

아들아, 투자의 세계에 뛰어들면 생각보다 다양한 분야에 수많은
전문가와 강사, 강의가 있음을 알게 된단다. 갭 투자, 토지 투자, 상
가 투자, 심지어 오를 지역을 콕 찍어준다고 하는 족집게 강사의 강
의도 있더라. 유명 부동산 투자 강사가 투자 유망처로 모 지역을 찍
으면 그의 강의를 듣는 투자자들이 우르르 몰려가서 해당 단지 아
파트 매물을 싹쓸이하는 거지.

이렇게 매물이 순식간에 사라지고 사겠다는 사람이 늘어나니 파
는 사람들도 매물을 거두어 가격이 오른다. 수십 명이 버스를 대절
해 해당 지역에 가서 아파트를 쇼핑하듯이 사들이는 경우도 봤다.
이런 곳은 십중팔구 전세가율이 높다. 이런 식의 갭투자를 할 경우
소액으로 투자할 수 있는 곳들을 찾기 때문이야.

부자 아빠 부동산 수업

## 남에게 내 투자 결정을 떠넘기지 마라

예전 모 부동산 카페에서 한 투자 고수가 투자 지역을 아파트 단지 이름까지 콕 찍어준다는 강의를 열었다. 그는 심지어 그날 바로 해당 단지 아파트 매물에 계약금을 보낼 수 있는 사람만 수업을 들으라고 했다. 궁금해서 상황을 지켜보니 생각보다 많은 사람이 그 강의를 듣고 그날 바로 강사가 찍어준 지역으로 가서 추천 단지 구축을 샀다는 후기들을 올렸다.

해당 지역을 살펴보니 강의하는 사람들이 그래도 나름 고단수라는 생각도 들었다. 이런저런 이유로 오를 만한 곳을 선점해 그곳에 투자자들의 진입을 유도하는 것 같았거든. 나름대로 초품아에 향후 공급 부족 등 몇 가지 상승 이유를 댈 수 있는 아파트를 사람들에게 추천한 것이다. 즉 그 지역에서 투자하기 괜찮은 아파트를 골라냈다는 것이다.

그런데 여기서 궁금한 점이 생겼다. 앞으로 확실하게 오를 만한 곳이라면 왜 자신의 가족이나 친지들에게 먼저 권하지 않고, 굳이 이렇게 자리를 마련해 생면부지의 사람들에게 돈 벌 기회를 제공하는 것일까? 수업료로 몇백만 원, 몇천만 원 벌자고 강의하는 것이 아니라면 당연히 이런 의심이 생길 수밖에 없다.

아빠는 개인적으로 이렇게 단지를 콕 찍어주는 강의를 좋게 보지 않는단다. 그 이유는 강의하는 부동산 강사가 해당 지역에 미리

가서 몇몇 매물들을 선점한 경우를 많이 봤기 때문이다. 추천 지역이라는 곳은 아직 상승 바람이 오지도 않았고, 가격이 계속 정체된 곳이 대부분이었다. 그런 곳에 미리 가서 싼 가격에 선점하고 그 후 투자자들을 끌어모아 매물을 소진한 뒤, 오른 가격에 자신의 매물을 팔고 나갈 수 있다는 말이다(또 이런 강사들은 보통 법인으로 투자하기 때문에 단타 거래가 가능하다. 법인은 오늘 사서 내일 팔아도 개인보다 양도세율이 크게 낮다).

당시 찍었던 지역을 나중에 살펴보니 실제로 몇천 정도 가격이 올랐다. 하지만 투자자들이 진입해서 이렇게 가격을 올렸다 해도 그 내재가치도 그 정도로 높은 것일까? 일부 실거주자들이 오른 가격에 매물을 사준다고 해도 가격은 다시 내재가치를 따라갈 것이다. 게다가 법인이 아닌 주체가 투자하면 양도세(2년이 지나야 일반 과세비율이 된다) 때문에 2년은 가지고 가야 한다. 만약 2년이 안 되어 매도한다면 세금이나 기타 부대비용 때문에 들어간 노력 대비 얻을 수 있는 실익이 거의 없을 것이다.

또 보통 전세를 안고 투자하기 때문에 실거주자에게 팔 수 있게 실입주할 수 있는 매물을 만들기 위해서는 계약갱신청구권 2년을 포함해 4년 가까이 시간이 걸릴 수도 있다. 물론 투자 가치가 아주 좋은 곳이라면 투자자들이 들어올 수도 있지만 내가 보기에 해당 지역은 입지가 그 정도까지 좋아 보이지는 않았다.

일시에 매물이 소화되고 가격이 올라갔으나 다시 매물이 쌓일 수도 있고, 만약 몇 년 뒤 팔려고 할 때쯤 다른 투자자들의 매물이 같이 쏟아져 나오고 왜곡된 가격이 내재가치를 찾아간다면 그 피해는 남의 말만 들은 투자자들이 질 것이다.

물론 이렇게 생각할 수도 있다. 투자자들도 먼저 진입한 투자자가 있고 뒤늦게 진입한 투자자가 있다. 만일 선진입한 투자자라면 뒤늦게 들어온 투자자보다는 안전마진이 있으므로 차라리 남들이 몰려갈 때 첫 번째 그룹에 속해서 이익을 보는 것이 어떠냐고 말이다. 하지만 내 생각은 그렇지 않다. 투자란 아직 알려지지 않은 곳에 해야 이익을 크게 낼 수 있다. 저렇게 강의에서 특정 지역의 아파트 단지명을 거론하며 찍어줬을 때는 최소한 초기는 아니며 이미 선진입 투자자들의 작업이 거의 끝났을 것이다.

그래서 어떤 지역에 사람들이 우르르 몰려가고 가격이 몇천만 원 올랐다고 해도 아빠는 부러워하지 않는다. 최소한 핵심 입지가 아닌 곳에서 재건축이 불가능한, 그것도 교통이 좋지 못한 외곽의 2000년 초반 연식의 구축 아파트를 다른 사람의 말만 듣고 들어가는 것이 어떤 의미인지를 먼저 생각하기 때문이다. 나는 이런 경우 최대한 조심해야 한다고 본다.

투자의 세계는 냉정하다. 만약 네가 스스로 판단하고 결정할 수 없다면 그런 투자는 섣불리 하지 않는 것이 좋겠구나. 설령 남의 말을 듣고 투자해서 돈을 벌었다고 해도 그건 운이 좋았거나 일시적인 상승일 뿐 네 실력이 아니란다. 남들의 조언이나 투자 강사의 강의는 참고할 수는 있지만 최종 판단의 주체는 네가 되어야 한다.

왜 해당 지역에 투자해야 하는지 스스로 판단해서 돈을 벌었다면 이는 칭찬해줄 만한 일이다. 설령 돈을 잃었다 해도 그럴 때는 왜 실패했는지 복기하며 다시 일어나 앞으로 나아가면 그만이다(그래서 투자는 '올인'을 조심해야 한다. 모든 것을 걸고 투자했다가 실패했을 때 뒤에 남겨질 가족을 생각해라. 늘 최악의 상황을 상상해보고 그런 상황이 왔을 때 버틸 수 있을지 고민해보거라. 일어설 수 있는 여지는 남겨둬야 한다).

부동산 투자 고수라는 이가 왜 아파트 단지까지 콕 찍어주는 강의를 하는지 생각해보면 답은 쉽게 나온다. 사람은 자신에게 이익이 되지 않으면 행동하지 않는다. 사람은 이기적인 존재다. 내 이익을 위해 자신을 희생할 수 있는 사람은 부모밖에 없다(사실은 부모조차도 자신의 이익이 먼저인 경우가 많으니 얼마나 사람이 이기적인 존재인지 알 수 있다).

그들이 바라는 이익은 십중팔구 다음과 같을 것이다. 우선 강의로 벌어들이는 수익이다. 예전에 한 기사에서 본 내용인데, 경제적 자유를 이루었다는 모 카페 주인장이 강의로만 월 몇천만 원 이상 벌어들인다고 한다. 그 강의를 듣는 사람이 한 달에 몇백 명, 1년이면 몇천 명이라는데 그 강의를 듣고 정말로 부자가 되었다면 전국에 부자의 수는 기하급수적으로 늘어났을 것이다. 그리고 진짜 부자가 되는 방법이었다면 왜 다른 사람들에게 친절하게 알려줘서 자신의 경쟁자로 만드는 걸까?

그런 사람들의 강의를 보면 '선한 부자', '긍정적 영향력' 같은 문구들로 자신의 강의를 홍보한다. 개인적으로 이런 문구가 들어 있으면 아빠는 일단 경계하는 편이다(물론 이런 문구로 홍보하더라도 정말 좋은 투자 강사, 투자 강의도 당연히 있을 것이다). 진짜 선한 부자라면 돈을 받고 강의하는 게 아니라 그 시간에 정말 어려운 사람들을 위해 봉사 활동을 하러 가지 않을까?

특히 '몇 년 만에 몇십억 자산가' 같은 타이틀을 단 투자자들을 살펴보면 대부분 책을 팔거나 강의 및 컨설팅 수익에 집중하는 모습을 보이는데 이 역시도 상당히 이율배반적이다. 몇 년 만에 몇십억 원을 벌어들일 정도의 노하우가 있다면 계속 그렇게 자산을 불려나가면 되지, 왜 그런 노하우를 고작 몇십만 원, 몇백만 원에 타인에게 팔아넘길까?

결국 그들은 그런 자극적인 타이틀로 자신의 강의 수익을 극대화하려는 것이다. 그들이 벌어들이는 강의 수익을 계산해보면 생각보다 매우 큰 이익을 얻고 있음을 알 수 있다. 만약 시간당 벌어들이는 돈으로 계산해보면 왜 그들이 그렇게 강의에 집중하는지 이유를 알 것이다.

예전에 한 부동산 카페에서 어떤 사람이 꽤 자극적인 문구로 자신의 강의를 홍보하고 있기에 어느 정도 강의 수익을 얻는지 궁금해서 살펴본 적이 있다. 약 200명을 모집해 1인당 20만 원씩 받고 2시간 동안 강의를 하더구나. 당시 180여 명 정도가 신청했다고 나오던데 180명에 20만 원을 곱하면 2시간 강의에 3,600만 원의 수익이 난다. 강의실 대관료며 이것저것 필요경비를 제하더라도 그 강사가 얻는 수익은 엄청나다. 그렇게 보니 왜 그들이 자극적인 문구로 강의를 홍보하는지 이해가 됐다. 강의 홍보 문구처럼 진짜 몇백억 자산가라면 사람들 앞에 나서서 강의하러 다니기보다는 조용히 자신의 인생을 즐기며 살 것이다.

## 훌륭한 멘토보다 스스로 답을 찾는 과정이 더 중요하다

물론 부동산 투자 강사들의 강의를 무조건 의심하라는 이야기는 아니다. 분명히 도움이 되는 좋은 부동산 강의들도 많이 있고, 그 강의를 통해 나보다 먼저 투자의 세계에 뛰어들어 갖은 고생 끝에 성공한 선배 투자자들의 노하우도 얻을 수 있다. 훌륭한 멘토를 만나 놀라운 성취를 이루거나 부동산 투자 강사들의 인사이트를 흡수하고 발전시켜 훨씬 뛰어난 투자자가 되는 경우도 봤다.

다만 이런 사람들은 맹목적으로 남의 강의를 듣고 따르는 게 아니라 자신만의 투자 원칙을 세우고 다른 사람들의 인사이트와 투자 방법 등을 검증해서 자신의 것으로 만든 뒤, 잘 실행했을 것이다. 또한 이왕이면 실전 투자를 다양하게 경험하고 실제로 성공한 강사를 멘토로 고르면 더 좋을 것이다. 한마디로 최고의 자리에 오른 스승에게 배우라는 말이다.

아울러 부동산 투자를 하다 보면 그 안에서도 아파트 갭 투자, 재건축, 재개발 투자, 토지 투자, 상가 투자, 세금 절세, 인테리어 방법 등 많은 세부적인 영역이 있음을 알게 된다. 그중 부동산 세금 같은 경우는 네가 하나하나 처음부터 배우고 직접 처리한다면 많은 시간과 노력이 들 수 있다. 그럴 때는 세금 관련 절세 강의를 이용하거나 세금 관련 전문가에게 자문을 구하는 게 시간과 돈을 절약하는 좋은 방법이다. 즉 필요에 따라 해당 분야 전문 강사들의 힘을 빌리는 것이 더 효율적이다.

그리고 부동산의 원리나 투자 방식 혹은 인사이트 등을 알려주는 강의일 경우 해당 강사의 프로필을 확인하고 그가 쓴 책을 찾아보면 도움이 된다. 보통 강의를 할 정도면 책도 출간한 경우가 대부분인데 책을 읽어보면 (네가 어느 정도 투자 지식을 갖췄다면) 그의 실력이 어느 정도인지 판단할 수 있을 것이다.

쉽게 말해 책을 읽었을 때 그 사람의 강의를 들어보고 싶다면 들어보고, 책의 내용이 결국 그 얘기가 그 얘기라면 굳이 강의를 들을 필요는 없다고 본다. 늘 말하지만 책을 읽을 때 무슨 성경 읽듯이 내용을 있는 그대로 맹신하며 받아들이면 안 된다. 실제 사례에 적용해보고 다양한 각도에서 생각해봐야 한다.

단적인 예로 2016년에 부동산 하락론을 펼친 모 강사의 책은 많은 사람에게 널리 읽히고 베스트셀러가 되었다. 하지만 그 이후는 말하지 않아도 알 것이다. 그 책을 읽고 따라 한 사람들은 모두 후

회했다. 강사의 프로필이 훌륭하고 그가 주장하는 내용이 논리적이라고 해도 이렇게 될 수 있다. 그 책에서는 앞으로 미국 금리가 계속 올라갈 것이고 금리가 오르면 무조건 부동산은 급락한다고 했다. 당시 그 책을 읽고 집을 사지 않거나 팔아버린 사람들이 많았다. 분명 금리의 상승 속도라든지, 주택공급량 같은 부동산 투자와 관련해 고려할 내용이 많았음에도 책의 내용을 맹목적으로 따랐기에 호되게 비싼 수업료를 치른 것이다.

또한 오를 지역이라고 하면서 투자처를 찍어주는 강의는 처음부터 거르도록 해라. 그런 강의는 들어도 의미 없다. '족집게 컨설팅'이라는 말이 붙어 있으면 그냥 걸러도 된다. 너한테 고급 정보를 줄 리도 없거니와 네게 들어왔을 정도라면 이미 아무 가치도 없는 정보일 것이다.

생각보다 사람들은 남들이 정답을 말해주길 바란다. 스스로 판단을 내리기 위해서는 많은 사고 과정을 거쳐야 하니 어렵고, 혹시라도 자신이 잘못된 판단을 내렸을 때 그 결과와 책임을 피하고 싶기 때문이다. 그래서 투자에서건, 인생에서건 남들에게 의지하고 남들이 뭔가를 결정해주는 것을 좋아한다. 투자할 때도 전문 강사라는 사람들에게 매수할지 매도할지 물어보고, 어디에 투자할지 알려달라고 한다. 심지어 연애할 때도 헤어져야 할지 만나야 할지 남들에게 물어본다. 자신의 인생에서 중요한 결정을 남들의 조언에 의지하려고 한다.

그러나 답을 누군가 알려주기를 바라고 그 답에 맞게 행동하기만 해서는 결코 발전이 없단다. 답을 찾아가는 과정이 중요하지. 그리고 그 과정에서 쌓이는 실력이 중요한 것이다. 아빠는 부동산 컨설턴트에게 몇백, 몇천씩 주고 투자처를 물색하는 것을 좋아하지 않는다. 나중에 매도 시기는 어떻게 잡으려고 그럴까? 추후 다른 집을 매수할 때 또 수수료를 주고 물어볼까? 그러다 가격이 내려가기라도 하면 컨설턴트 비용은 환불이 될까?

　주식도 온갖 '리딩방'이 있고 유료 상담방이 있다. 어떻게 내 번호를 알았는지 높은 수익률을 보장한다며 유료 상담방 가입 문자가 오곤 한다. 그럴 때마다 나는 그걸 알면 돈을 모두 투자해서 큰돈을 벌어야지, 왜 그걸 일면식도 없는 내게 가르쳐주는지 물어보고 싶다.

　스스로 움직이지 않고 남이 따주는 열매만 받아먹으면 어떤 변화도 일어나지 않는다. 그러니 너는 투자할 때 스스로 판단하고 최종 결정을 내릴 수 있는 사람이 되어야 한다. 세상을 잘 살펴볼 수 있는 혜안을 갖길 바란다.

효과적인 질문으로
논리적으로 사고하라

아들아, 언젠가 네가 첫 투자를 하게 된다면 처음 시작부터 최종 투자를 결정하기까지 많은 과정을 거치게 될 게다. 그래서 여기서는 그 과정에서 꼭 필요한 논리적 사고에 대해 알려주고자 한다. 예를 들어 재개발 붐을 타고 요즘 투자자들 사이에서 크게 유행했던 '썩빌 투자'에 대해 한번 생각해보자. '썩빌'은 썩은 빌라를 줄인 말로, 썩빌 투자는 그처럼 굉장히 오래되어 시설이 낡은 빌라들에 투자하는 걸 말한단다.

## 투자는 질문의 답을 찾아가는 과정이다

자, 여기 A라는 사람과 B라는 사람이 있고 하자. 두 사람이 투자를

부자 아빠 부동산 수업

결정하기까지 머릿속에서 어떻게 서로 다른 사고를 하는지 살펴보자.

### A의 투자 결정 과정

'도대체 썩빌 투자는 뭐지? 요새 투자자들이 썩빌 투자를 그렇게 많이 한다고 하던데. 음, 썩빌 투자는 굉장히 오래된 빌라에 투자하는 것이구나. 그렇다면 썩은 빌라를 사는 이유는 그 근방 건물들이 오래되고 낙후됐기 때문에 그 지역이 한 재개발 구역으로 묶일 때 최종적으로 아파트 입주권을 받는 것이 목적이겠구나. 그래서 오래된 빌라가 이렇게 비싸게 팔리는 것이구나.

부동산 강사들도 해당 지역의 오래된 빌라를 추천하고 있고, 인터넷에서도 찾아보니 이 지역이 재개발될 가능성이 매우 크다고 하네. 아직 확정된 것은 아니지만 정비 구역이 지정된 그림도 있구나. 그렇다면 나도 얼른 오래된 빌라를 사서 나중에 재개발되면 새 아파트 입주권을 받아야겠다.

가격이 예전보다 많이 오르긴 했지만 서울 신축 아파트 가격을 생각하면 아직 싼 걸 거야. 다른 사람들도 많이 추천하고 있잖아. 지금이라도 얼른 사서 갖고 있다가 다른 투자자들에게 비싸게 팔거나, 재개발이 진행되면서 가격이 더 오르면 그때 더 비싸게 팔 수도 있겠다.'

'도대체 썩빌 투자는 뭐지? 요새 투자자들이 썩빌 투자를 그렇게 많이 한다고 하던데. 음, 썩빌 투자는 굉장히 오래된 빌라에 투자하는 것이구나. 그렇다면 썩은 빌라를 사는 이유는 그 근방 건물들이 오래되고 낙후됐기 때문에 그 지역이 한 재개발 구역으로 묶일 때 최종적으로 아파트 입주권을 받는 것이 목적이겠구나. 그래서 오래된 빌라가 이렇게 비싸게 팔리는 것이구나.

그런데 빌라가 오래되었다고 정비 구역 지정이 그렇게 바로 되는 건가? 정비 구역으로 지정되기 위한 여러 요건이 있을 텐데 이 빌라는 그 요건들을 충족하고 있나? 만일 재개발을 막 시작하려고 하는 지역이라면 정비 구역 지정을 위해 주민들에게 어느 정도의 동의를 받고 있을까? 그리고 주변 빌라나 주택들이 노후도, 접도율 같은 조건들을 충족하고 있을까?

그리고 단지 재개발이 될 수도 있다는 가정만으로 이렇게 갑자기 빌라 가격이 확 뛰는 게 정상적일까? 만약 재개발이 안 된다면 해당 빌라의 내재가치는 어느 정도일까? 또한 인터넷에 떠돌아다니는 재개발 구역 그림은 지자체에서 공식적으로 정비 구역 지정을 해준 건가? 아니면 사람들이 그저 희망 사항으로 그려놓은 구역인가?

만약 주민 동의율도 높고 재개발 구역 지정 요건들을 충족해서 앞으로 재개발 구역으로 지정될 가능성이 크다면, 이 빌라의 가격은 어느 정도에 매수해야 적정한 값에 사는 걸까? 빌라의 대지지분과 공시지가 등을 고려했을 때 감정평가는 어느 정도 예상해볼 수 있을까?

주변 재개발 지역들의 시세와 진행 상황 등은 어떨까? 무엇보다 재개발은 오랜 기간이 걸리고, 그러다 하락기를 맞아 재개발이 무산될 수도 있는데 내가 투자한 금액은 회수 가능할까?

아무래도 좀 더 생각해보고 투자를 결정해야겠어.'

두 사람의 차이점을 발견할 수 있었니? 자, 그러면 A와 B의 투자 결정 과정을 구체적으로 비교해볼까?

A는 투자를 결정하기까지 과정에 대해 질문이 없다. 그리고 검색을 통해 얻은 정보와 투자 강사들의 말에 의존하고 있지. 지나치게 낙관적인 성향도 있는 것 같구나. 반면에 B는 투자를 결정하기까지 여러 중요한 요소에 대해 스스로 질문을 던지고 답을 찾아내려고 노력하고 있어.

두 사람 중 누가 투자에 성공할까? 당연히 B가 아닐까? 운 좋게 A가 투자한 빌라가 재개발 구역으로 지정되어 수익을 낼 수도 있을 것이다. 하지만 이런 투자 방식으로는 절대 오래갈 수 없고, 성공할 수도 없단다.

물론 생각만 하고 실행으로 옮기지 못해서 이론만 빠삭한 헛똑똑이가 되어서도 안 된다. 질문의 답을 찾고 결론을 내렸으면 신속

하게 실행해야 한다. 생각 없이 실행으로 옮기는 것도 문제지만 생각만 하고 실행하지 않는 것도 큰 문제니 말이다.

## 논리적인 사고로 스스로 투자 결정을 내려라

아빠가 오늘 네게 굳이 이런 이야기를 하는 이유는 투자자라면 자신만의 논리적인 사고 과정이 있어야 한다고 생각하기 때문이다. 그리고 논리적인 사고 과정에서 핵심 질문을 하는 것은 필수다.

보통 투자를 시작하면서 필요한 정보가 있으면 인터넷에서 검색하곤 하지. 여기서 다양한 투자자들의 이야기도 참고하게 된단다. 그러면서 매우 다양한 정보와 의견들을 접하는데, 이때 스스로 사고하고 판단할 수 있는 능력이 없다면 어마어마한 정보의 홍수 속에서 필요한 정보를 얻어내지 못할뿐더러 남의 말에 휘둘려 제대로 된 판단을 하지 못할 수도 있어.

설령 남의 말을 듣고 어찌어찌 투자했다고 하더라도 그다음 투자는 어떻게 해야 할지 도대체 판단이 서질 않을 것이다. 또다시 남의 말을 듣기 위해 인터넷을 뒤지고 투자 관련 강사들의 강의를 듣겠지.

아빠는 이런 건 투자가 아니고 그냥 컨설팅에 따른 투기라고 생각한다. 내 돈을 가지고 투자하는 것은 오롯이 내 책임이어야 한다. 즉 스스로 합리적으로 사고하고 판단해서 투자를 결정해야 해. 그

부자 아빠 부동산 수업

과정에서 남의 말을 참고하는 것이야 아무 문제가 되지 않지만 남의 말과 의견이 내 사고 과정의 핵심이어서는 안 된단다.

그러려면 다양한 현상에 대해 의심하고 질문을 던질 수 있어야 한다. 맹목적인 믿음은 투자에서 가장 위험하단다. 다양한 정보와 의견을 접했을 때 그 진위 여부를 끊임없이 의심하고 핵심 고리에 대해 질문을 던질 수 있어야 한다.

예를 들어 A 지역이 재개발된다고 했을 때 '아, 여기가 재개발되는구나'라는 생각에 그치는 게 아니라 '재개발이 된다고? 무슨 근거로 그런 말이 나왔지? 주민들에게서 동의서를 걷고 있나? 동의율은 얼마나 될까? 여기 노후도는 어떻게 되지? 혹시 시에서 밀어주는 모아 타운이나 신속 통합 재개발에 선정되었나?'와 같은 질문을 던질 수 있어야 한다.

특히 판단에 이르기까지의 사고 과정이 논리적이어야 한다. 가령 어떤 지역에 여러 기업들의 본사가 들어오고 있다고 하자. 그러면 다음과 같은 사고 과정을 거칠 수 있다.

- 1단계: 기업들이 들어오면 양질의 일자리가 늘어날 것이다.
- 2단계: 일자리가 늘어나면서 해당 일자리에 근무하는 사람들이 직장 근처에 주거지를 구하려고 할 것이다.
- 3단계: 해당 지역에 대해 수요가 늘어나기 때문에 집값 상승에 긍정적인 영향을 미칠 것이다.

또 예를 들어 어떤 지역에 향후 몇 년간 수요 대비 입주 물량이 계속 증가하고 있다면 어떤 일이 벌어질지 생각해볼 수 있다.

- 1단계: 증가하는 입주 물량은 해당 지역의 전세 가격을 낮추는 데 영향을 줄 것이다.
- 2단계: 전세 가격의 하락은 매매 가격과 전세 가격의 갭을 크게 벌려 투자자들이 들어오기 어려울 것이다.
- 3단계: 실거주자 역시 전세 가격이 저렴하기 때문에 매수보다는 전세를 선택할 것이다.
- 4단계: 결국 늘어나는 입주 물량과 매수 수요의 감소로 매매 가격이 하락할 가능성이 크다.

위와 같은 논리적 사고 과정을 거쳐 투자 여부를 판단할 수 있어야 한다.

## 상황에 따라 유연하게 대응하라

마지막으로 해주고 싶은 말은 투자할 때 논리만이 아니라 상황에 따른 유연한 사고가 필요하다는 것이다. 어떤 것에 대해 한 방향으로 생각이 굳어버리면 계속 그쪽으로만 생각하게 되고, 이미 결론이 나와 있는 상태에서 그 결론을 뒷받침하는 근거만 찾는다. 이런 점들도 조심해야 한다.

　분명 잘 안 되리라 했는데 중간에 변화가 일어나 잘 진행되기도 하고, 잘 되리라 했는데 오히려 생각지도 못한 변수를 만나기도 한다. 그러니 어떤 현상에 대해 늘 다양한 관점에서 생각해야 하고 주변 조건과 환경이 바뀌면 그때그때 유연하게 사고하고 대응할 수 있어야 한다. 예를 들어 정부의 정책이 바뀌어 내가 처음 내린 판단에 영향을 미친다면 얼른 변화된 환경을 적용해서 현실에 잘 대응해야 한다.

　또 어떤 지역이 투자하기에 매우 괜찮은 조건이고 다른 지역과 비교해볼 때 저평가됐다는 확신이 들어 투자하려고 했는데 미처 몰랐던 그 지역의 안 좋은 점들을 알게 되었다고 하자. 그러면 저평가라고 생각했던 게 사실은 그 지역의 내재가치에 맞는 적절한 가격이라고 볼 수도 있다. 그럴 때는 재빨리 투자를 유보해야 한다. 즉 그때그때 유연한 사고를 해서 변화에 대응하고 투자 판단에 활용해야 한다는 말이다.

　맹목적 믿음을 경계하고 논리적으로 사고하며 상황에 따라 유연하게 판단하는 것은 투자자가 반드시 갖춰야 할 중요한 자질이다. 오늘 이야기한 내용이 부디 네게 좋은 공부가 되었기를 바란다.

## 투자자로서 갖춰야 할 자질

오늘은 냉혹한 투자의 세계에서 특히 네가 갖추었으면 하는 자질들에 대해 말해볼게. 물론 아빠 역시 그런 자질들을 모두 갖췄다는 건 아니다. 하지만 이 자질들이 중요한 걸 알고 개발하려 노력하고 있다는 것은 알아주었으면 한다.

### 긍정적인 마음을 가져라

무엇보다 긍정적인 마음이 중요하다. 아빠가 피터 린치나 워런 버핏 같은 유명한 주식 투자자들의 글이나 부동산으로 큰돈을 벌었다는 유명 투자자들의 책들을 읽어보니 한 가지 공통점이 있더라. 그들은 모두 위기 상황에서 돈을 벌었다는 것이다.

모두가 돈을 벌 것이라고 달려들 때는 가격에 거품이 낀다. 내재 가치보다 훨씬 높은 가격에 거래되고, 그렇게 높은 가격에 누가 받아주니 더욱더 달려든다. 주식도 마찬가지다. 가격이 계속해서 오르니 사람들이 더 달라붙는다. 거품은 점점 파국을 향해 가고 어느 순간 무엇이 트리거가 될지는 몰라도 자연스레 거품이 터지고 가격이 내린다.

위기 때는 어떨까? 밑도 끝도 없이 내려온다. 아빠가 생각하는 진정한 위기는 어설픈 위기를 말하는 것이 아니다. 주식 같은 경우 '어? 작년에 3만 원이었는데 지금 2만 원이네? 이거 많이 떨어진 거 아냐? 싸다. 사보자!' 하는 마음으로 분석도 없이 들어갔다가는 바로 물리게 된다. 단지 고점 대비 얼마가 떨어졌다고 해서 위기라 부르지는 않는다.

진정한 위기는 차원이 다른 공포감을 준다. 예를 들어 며칠 내내 가격이 엄청나게 내려가 반 토막이 났는데, 거기에 네가 모은 종잣돈이 모두 들어 있다고 생각해봐라. 공포가 밀려올 것이다. 앞으로 더 떨어질 것 같고, 지금이라도 팔아서 조금이라도 건져야 할 것 같은 생각이 든다.

아빠도 이런 공포를 경험한 적이 있다. 2020년 당시 KT&G라는 회사의 주식에 5,000만 원을 투자했던 적이 있다. 몇 달 뒤 아파트 중도금으로 낼 돈이었는데 그동안 조금이라도 벌어볼까 하는 마음에 당시 주가가 9만 4,000원 정도 하던 KT&G에 5,000만 원을 넣은 것이다. 배당금 이후 배당락으로 떨어졌기에 시간이 지나면 다시 회복할 것이라고 안일하게 생각했지. 하지만 코로나19가 발생하면서 갑자기 전 세계가 셧다운되었고 주식은 끝을 모르고 하락했다.

그런데 웬일인지 주가가 8만 원 정도까지 떨어졌을 때는 '이거 저평가된 것 같은데 지금이라도 빚을 내서 더 넣어볼까? 회복할 수 있을 것 같아'라는 생각이 들더라. 이런 건 공포가 아니었다. 하지만 그 후에도 계속 떨어지더니 어떤 날은 정말 며칠 동안 계속 엄청나게 떨어졌다.

그러다 6만 5,000원까지 떨어졌을 때 정말 공포가 몰려왔다. '이거, 이러다 완전히 망하는 거 아냐? 계속 불안한 소식만 들려오고 이번 위기는 끝이 안 보여. 지금이라도 팔까? 조금이라도 건지는 게 맞지 않나'라는 생각까지 들었지. 그냥 다 팔아버리고 싶고 너무 두려웠다. 더 잃으면 회복조차 불가능해 보였다.

그런데 그런 과정이 지나니 거짓말처럼 시장이 조금씩 회복하더라. 아빠는 그때 알았다. 당시 시장 상황에 대해 내가 공포를 느꼈다면 다른 사람들도 똑같이 공포심을 느꼈을 거라는 걸. 그리고 이 공포심을 이기지 못하고 헐값에 내던진 사람도 있었을 것이다. 그 때가 바로 바닥일 가능성이 크다.

그래서 아빠는 코스피 지수를 추종하는 ETF 주식을 1~2주 정도 사놓는 것을 추천한다. 그리고 1~2주를 작은 돈이라고 생각하지 말고 내 전 재산이 들어가 있다고 생각하면 상황이 훨씬 크게 와닿는다. 어설픈 하락이 아닌 폭락이 거듭되어 공포심이 들 때 가지고 있는 자본으로 좋은 회사의 주식을 조금씩 분할매수해 들어간다면 나중에 제법 괜찮은 수익을 낼 수 있지 않을까 싶다. 물론 그 회사가 망하지 않을 회사이고 여전히 돈을 잘 벌고 있다는 전제조건이 필요하다(KT&G 주식은 그 후 8만 8,000원에 모두 손절했다. 그나마 배당금을 고려하면 아주 큰 손해는 보지 않았단다).

부동산도 마찬가지다. 떨어질 때는 바닥이 보이지 않을 정도로 가파르게 추락하지. 2010년부터 2013년까지 서울 아파트값이 계속 하락할 당시 고점 대비 반 토막 난 아파트들도 수두룩했다. 이런 과정을 이겨내기는 쉽지 않지. 모두가 부동산에 열광할 때 꼭지에서 산 사람들은 짐작건대 그 공포를 이기기 어려웠을 것이고 손해 보고 내던진 사람들도 많았을 것이다(그래서 안전마진을 위해 가격이 지나치게 급등한 아파트를 사는 건 조심하라는 것이다. 최소한 싼 가격에 샀다면 하락해도 어느 정도 손해는 덜 볼 것이고, 어쩌면 그동안 얻은 이익만 줄어들 수도 있기 때문이다).

그런데 하락하다 보면 부동산은 관성이 있어서 내재가치 이하로 더 떨어진다. 상승 역시 관성에 의해 내재가치 이상으로 올랐듯이 하락 역시 내재가치 이하로 떨어지지. 그래서 다음 상승은 내재가치 이하로 떨어진 가격이 추가되어 더 크게 오른다. 부동산 가격이 계속 하락하고 모두가 "이제 부동산으로 돈 버는 시대는 지났어"라고 말하며, 부동산 투자를 하러 가면 이상한 사람으로 취급받던 시기에 투자한 사람들은 이번 상승장에서 모두 큰돈을 벌었다. 이들은 모두가 주저하고 있을 때 과감히 투자했다.

이럴 때 중요한 자질이 긍정적인 마음이란다. 지금 아무리 긴 터널 속에 있다고 해도 영원히 그곳에 있는 것은 아니다. 어둠이 짙어 질수록 이제 곧 터널을 통과해 빛을 볼 수 있다는 것이다. 마찬가지로 모두가 이제는 부동산은 아니라고 말할 때가 바로 투자를 시작할 시점인 것이다.

그러니 이런 공포를 이겨내려면 긍정적인 마음이 필수다. 물론 아무 분석도 없이 무조건 잘될 거라고, 내가 샀으니 무조건 오를 거라며 무작정 투자하라는 게 아니다. 위기를 이겨내는 긍정적인 마음을 이야기하는 것이다. 즉 위기 속에서 희망을 볼 수 있는 긍정적인 마음 말이다.

## 판단에 흔들림이 없어야 한다

투자의 세계에 뛰어들면 다양한 사람들을 만나게 된다. 당장 부동산만 해도 상승할 것이라는 사람, 보합세일 것이라는 사람, 하락할 것이라는 사람 등 각자 자신의 의견이 옳다고 주장한다. 근거들도 다들 그럴싸하다.

그런데 투자할 때는 다른 누구도 아닌 '나' 자신의 관점이 중요하다. 우선은 해당 부동산과 관련해 다양한 측면에서 혹시 내가 놓친 부분이 없는지 파악해야 한다. 여러 정보를 찾아보고 해당 지역에 나가 분위기도 살펴보며 다른 사람들의 의견도 들어봐야 해. 그리고 이렇게 모은 정보를 종합적으로 분석해서 투자 결정을 내릴 때 바로 네 판단력이 중요한 역할을 한다. 투자 결정은 인과관계와 정확한 근거에 따라 이뤄져야 하는데 만약 다른 사람들의 말에 휩쓸린다면 정글과도 같은 투자의 세계에서 살아남기 어렵다.

특히 확증편향의 오류를 경계해야 한다. 확증편향은 자신이 듣고 싶은 말만 골라 듣고 더욱 자신의 주장을 강화하는 것을 말한단다. 예를 들면 A라는 사람의 의견에 휩쓸려 그 생각이 옳다고 결론을 내리고 자기 생각이나 판단보다 그의 의견을 전적으로 따르게 되면, 아무리 다른 사람이 옳은 말을 해도 듣지 않고 A의 의견과 같은 주장을 하는 정보만 받아들이는 것이다. 이는 투자에서 정말 피해야 할 태도로, 어떤 상황이든 네가 스스로 판단해야 한단다. 판단의 주체는 너여야 한다. 남들의 말을 참고는 할 수 있어도 판단은 네가 내려야 한다.

예를 하나 들어보마. 2020년 4월 말 무렵, 부동산 시장은 정부의 여러 정책으로 조정 중인 상황이었다. 재건축 위주로 급매가 나오고 있었고 호가 역시 고점 대비 하락하고 있었지. 실거래도 마찬가지였다. 그런데 하락을 주장하는 한 유튜버가 "현재 수요 공급으로 본다면 수요가 코로나19로 많이 죽었다. 공급 역시 다주택자들의 매물이 보유세라든지 종부세 등의 세금 폭탄으로 쏟아질 것이다. 수요가 적어지고 매물이 많아져 아파트는 계속해서 폭락할 것이다"라고 주장했다.

그 동영상에 달린 댓글들을 살펴보니 그 유튜버의 주장을 지지하며 환호하는 사람들 천지였다. 이들 중에는 아파트값이 반 토막나기를 바라며 다주택자들을 욕하는 사람들, 하마터면 집을 살 뻔했다며 자신을 잡아준 그 유튜버에게 감사하는 사람들이 많았다. 그들은 자기가 하고 싶은 말을 유튜버가 논리적으로 설명해주니 더욱 강하게 동조한 것이다. 그 설명이 과연 논리적으로 합당한지는 생각조차 하지 않고 말이다.

아빠는 그 동영상을 보는 순간 의문이 들었다. 코로나19로 수요가 죽었다고 하는데, 과연 그럴까? 사람들은 누구나 들어가 살 집이 필요하다. 그 집을 매수하든 전·월세로 살든 우리는 원치 않게 수요에 관여하게 된다는 말이다. 따라서 코로나19로 매수세가 죽었다고 해도 매수하지 않은 사람들이 어디 가서 살겠니? 바로 다른 집에 전·월세로 들어갈 것이다. 즉 전·월세 수요는 늘어난다.

그러면 갭투자를 한 다주택자는 전세 수요가 늘어나 전셋값이 오르면 전혀 손해 볼 게 없고 오히려 버틸 여력이 커진다. 그런데 그저 단순하게 수요가 죽었으니 집값이 폭락한다고 주장한 저 유튜버의 주장이 논리적으로 합당할까?

공급 역시 마찬가지다. 다주택자들의 매물이 쏟아진다고 했는데 그 아파트는 세입자든 집주인이든 간에 누군가 이미 살고 있을 것이다. 한마디로 진정한 의미의 공급이 아니라 단지 집주인만 바뀔 뿐이다. 진정한 의미의 공급이란 건설사가 집을 지어 제공하는 것이다. 택지지구나 재건축, 재개발을 통해 건설사가 새로운 집을 지어 제공한다면 그 집은 새로운 공급이 되는 것이다(그마저도 재건축이나 재개발은 기존 주택을 멸실한 후 집을 짓는다).

즉 다주택자들의 매도 매물이 늘어나는 것은 진정한 의미의 공급이 아니다. 다만 매도 매물이 일시적으로 쏟아지면 급한 매물 일부에서 가격이 어느 정도 조정은 될 수 있겠지만 저런 경우 가격은 금방 회복된다. 그걸 가지고 공급이 늘어나서 하락한다고 말할 수는 없는 것이다.

예를 들어 한 마을에 10채의 집이 있고 다주택자 1명이 집 8채를 그리고 2명이 각각 집 1채를 소유하고 있다고 가정해보자. 그리고 그 마을에 10세대가 거주하고 있다고 해보자. 총량으로 따지면 10채의 집에 10세대가 거주하니 별문제가 없다. 그런데 결혼하는 사람이 있어서 2세대가 늘어났다고 해보자. 집 10채에 12세대가 살아야 하니 공급(10채)보다 수요(12세대)가 더 많아져 매매 가격과 전·월세 가격이 크게 올랐다.

이에 화가 난 정부는 집 8채를 보유한 다주택자를 혼내주면서 당장 거주할 집 하나만 남기고 나머지는 다 팔라고 명령했다. 다주택자는 집 7채를 모두 매도하고 1주택자가 되었다. 그런데 문제는 역시 총량으로 따지면 똑같이 집 10채에 12세대가 거주해야 한다는 것이다. 다만 다주택자 1명이 가지고 있던 7채의 주인이 다른 사람으로 바뀐 것뿐이다.

결국 어떻게 보면 공급 확대가 집값 안정의 핵심 요소일 수도 있겠다. 실제로 대규모 입주장을 맞이한 곳을 가보면 여기저기 내놓은 전·월세 매물로 전세 가격이 무척 낮게 형성되어 있다. 이런 입주장이 지나가면 다시 전세 가격이 안정된다고는 하지만, 만약 공급이 꾸준히 계속되어 입주장이 계속 이어진다면 투자자로서는 이만큼 무서운 일이 없을 것이다. 대규모 공급이 꾸준히 이어지면 전·월세 가격이 하락하고 안정되는 것은 물론 매매 가격도 결국 하락할 것이다.

이렇게 스스로 생각하고 판단하려고 해야 한다. 물론 내가 판단하는 과정에서 놓친 부분을 나와는 다른 의견을 지닌 사람들이 합리적인 근거를 들어 지적할 수도 있다. 그럴 때는 다른 사람들의 의견을 참고하고 잘못 생각한 부분을 수정하면 된다. 상황에 따라 정말 잘못 판단한 경우라면 의견 전부를 바꿀 수도 있다. 즉 상황에 따른 유연한 사고가 필요하다.

## 절박함 그리고 겸손함을 지녀라

투자의 세계에서 절박함은 필수다. 사람은 배가 고파야 원하는 바를 이룰 수 있다. 배고픔도 없이 안일한 마음으로 투자의 세계에 뛰어들었다가 초보자의 행운으로 잠깐 성공했더라도 곧 위기를 이겨내지 못하고 사라지고 마는 투자자들을 아빠는 많이 봤다. 사람은 절박해야 공부를 더 하고, 최선을 다하게 된다.

아빠의 절박함은 뭔지 아니? 아빠는 나이 먹고도 회사에 나가 일을 해야 하는 것이 두려웠다. 젊음을 다 바쳐 돈을 벌고 나이 들어 내 몸 하나 가누지 못할 때 기껏 힘들게 모은 돈을 치료에 써야 한다는 것도 두려웠다.

아빠는 젊을 때 경제적 자유를 얻고 싶었다. 젊을 때 자유를 얻어 젊음을 누리고 싶었지. 그런데 그러지 못하고 어느덧 나이가 40을 넘어가니 너무 절박해지더라. 이제 젊음이 얼마 안 남았다는 사실이 내 어깨를 짓눌렀다. 그래서 더욱 성공에 매달렸고 이렇게 너에게 책도 쓴 것이란다.

아들아, 절박함이 있어야 한다. 그래야 네가 원하는 것을 이루기 위해 달릴 수 있고, 실패에 대한 두려움 없이 도전할 수 있다. 두려움보다 절박함이 더 커야 한다.

그리고 겸손함을 지녀야 한다. 투자의 세계에서는 무엇보다 겸손해야 한다. 예기치 못한 변수가 언제 어디서 올지 모른다. 성공을 99번 해도 단 한 번의 실패로 흔적도 없이 사라질 수 있다. 늘 겸손한 태도로 가진 것을 자랑하지 말고 조심스럽게 행동해라. 주변의 어렵고 힘든 사람들을 무시하지 말고 예의를 지켜라.

나는 청소하시는 아주머니나 경비 아저씨, 나이가 지긋하신 할머니, 할아버지들에게 깍듯이 인사하고 예의 바르게 행동하는 모습을 어린 네게 많이 보여주려고 노력했다. 네가 그렇게 컸으면 하기 때문이다. 그분들은 평생 열심히 일하고 최선을 다해 살아온 분들이다. 혹여 네가 성공했다고, 돈이 많다고 그런 분들을 무시한다면 결코 제대로 된 성공이라고 할 수 없다. 나는 네가 경제적 여유뿐만 아니라 매일이 기쁨으로 충만한 삶을 살기를 바란다. 그러니 늘 겸손함을 유지하거라.

자, 그러면 투자를 시작할 때 앞에서 말한 3가지를 갖췄는지 꼭 한번 점검해보도록 해라. 너의 첫 시작을 응원할게.

## 팔 때를 생각하고 사야 한다

부동산 투자를 할 때 꼭 알아야 할 중요한 사실이 하나 있단다. 바로 핵심 입지의 부동산은 평생 가지고 있다가 자식에게 물려준다는 마음으로, 어떤 파도에도 흔들리지 않고 계속 가져가야 한다는 것이다. 예를 들어 월세가 잘 나오는 핵심 입지의 상가나 강남의 명문 학군을 끼고 있는 아파트 같은 곳들은 결코 팔아서는 안 된다. 이른바 명문 학군은 쉽게 형성되는 게 아닐뿐더러 그곳에 가고 싶어 하는 수요층이 많기에 가격이 오를 때는 크게 오르고 하락장이 와도 쉽게 내려가지 않기 때문이다.

그런데 이런 핵심 입지의 부동산, 예를 들어 아파트라고 한다면 그런 아파트는 사회 초년생인 네가 살 수 없을 만큼 당연히 비싸겠지. 모두가 원하는 핵심 입지인 만큼 수요는 많은데 공급은 한정되어 있어서 가격은 당연히 오를 수밖에 없다. 처음부터 그런 부동산을 살 수 있는 사회 초년생은 극히 일부를 제외하고는 사실 거의 없을 거야.

그렇다면 사회 초년생이 할 수 있는 투자 방법은 무엇일까? 자신이 살 수 있는 범위 내에서 가장 괜찮은 아파트를 사고, 시간이 지나 가격이 오르면 아파트를 팔면서 점점 더 좋은 곳으로 갈아타는 것이다. 그래서 투자 격언 중에 자신이 매수한 아파트와 사랑에 빠지면 안 된다는 말도 있단다. 목표 수익률에 도달하면 투자한 아파트를 과감하게 팔고 다음 투자처를 향해 또다시 달려가야 한다.

즉 부동산 투자를 시작했다면 갈아타기를 통해 점차 자산을 늘려나가야 하니 핵심 입지가 아닌 아파트는 사실상 사는 순간부터 매도를 염두에 둬야 한다. 그렇다면 어떻게 내가 매수한 아파트를 잘 매도할 수 있을까?

## 실거주자는 이런 아파트를 매수한다

먼저 누가 내 아파트를 사줄 수 있는지 생각해보자. 아파트에 실제로 거주할 실거주자와 투자를 목적으로 매수를 하는 투자자, 두 그룹으로 나눌 수 있겠다. 우선 실거주자에게 매도하는 경우를 생각해보자.

대체로 결혼하고 나서 10년 뒤에 실제로 거주할 자가를 사는 경우가 많다고 한다. 40대 초중반에 자가를 매수한다고 하면 이때 아이를 키우고 있을 가능성이 크다. 그래서 이들을 내 아파트를 매수할 수 있는 실거주 수요층으로 만들려면 좋은 학군의 아파트에 투자해야 한다. 초품아면 더할 나위 없고 주변에 명문 중·고등학교가 있어야 한다. 그리고 아이들이 다닐 수 있는 좋은 학원들이 근처에 있으면 좋다.

게다가 실거주자가 본인의 직장에 쉽게 갈 수 있다면 더욱 좋다. 즉 직장과 거리가 가깝거나, 아니면 교통이 좋아 쉽고 빠르게 갈 수 있어야 한다. 또 병원이나 상가 같은 주변 인프라가 잘 갖춰져 있어야 한다. 인프라가 좋아야 거주하는 사람들이 생활하는 데 불편함이 없겠지.

즉 실거주할 사람에게 수월하게 매도하려면 말 그대로 살기 좋은 아파트를 사면 된다. 좀 낡았어도 학군, 교통, 인프라 등이 괜찮으면 수요가 많아서 실거주자들이 오른 가격에도 사려고 한다. 게다가 전세도 잘 나간다. 전세를 몇 년 돌리다가 가격 상승의 이익을 얻고 실거주자에게 넘기면 괜찮은 선택지가 될 수 있다.

하나 더 말해주자면 수도권은 직장과의 거리가 매우 중요하기 때문에 주로 역세권 위주로 살펴보고, 차로 30분 이내에 갈 수 있는 지방이라면 학군 위주로 보는 것이 가장 좋다. 또한 요즘은 인테리어를 잘해서 매도할 수 있는 확률을 높이는 것도 필수 사항이 되었기에 인테리어에도 신경 써야 한다.

## 투자자들은 이런 아파트를 매수한다

이번에는 투자자들에게 매도하는 경우를 생각해보자. 투자자들은 어떤 아파트를 고를까? 가장 중요한 것은 추후 가격이 오를 여지가 보여야 한다. 즉 다양한 호재가 있어야 한다. 제일 큰 호재는 재건축이다. 즉 재건축이 될 만한 여지가 있어야 하지. 예를 들어 도심에 위치하고 세대당 대지지분이 많은 5층 주공이면 재건축 가능성이 매우 크다.

또한 근처에 지하철역이 생긴다든지, 일자리가 있는 지역까지 도로가 새로 개통된다든지 등 교통 호재도 가격이 오를 만한 요인이다. 주변에 양질의 일자리를 제공하는 대기업이 들어오는 것도 수요를 늘려 투자자들의 관심을 끌 수 있지. 그리고 그동안은 과도한 공급으로 미분양이 늘어나고 아파트 가격도 많이 떨어졌는데 점차 미분양이 해소되고 공급도 줄어들어 추후 아파트 가격이 상승할 수 있는 지역에도 투자자들이 들어온다.

쉽게 말해서 도심의 대지지분이 많은 재건축이 가능한 아파트라든지, 인프라나 학군이 좋아서 수요가 많은 아파트임에도 불구하고 그동안 과도한 공급 등으로 가격이 하락한 곳은 추후 오를 가능성이 크다고 보고 투자자들이 들어올 수 있다.

결국 투자자는 가격이 더 오를 것인가에 따라 움직인다. 그러니 투자자에게 내가 매수한 아파트를 넘기고 나오려면 추후 개발 호재가 있는 아파트를 사거나 앞으로 가격이 오를 만한 요소가 있는 곳을 선점하면 된단다.

투자할 때는 평생 가지고 갈 수 있는 핵심 입지가 아닌 곳이라면 매수하기 전 미리 매도를 생각해야 한다. 예를 들어 투자한 아파트를 2년 보유한 후 실거주자에게 넘길지, 투자자에게 넘길지 생각해보고 매도가 가능한지 고려해봐야 해. 만약 실거주자에게 넘길 생각이라면 그 지역이 실거주하기 괜찮은 조건(특히 학군과 직장과의 거리)을 갖추고 있는지, 주변 아파트 단지 중에서도 실거주자의 선택을 받을 수 있는지 등을 우선 고려해야 한다. 투자자에게 넘길 생각이라면 향후 가격이 오를 만한 요인(재건축 가능성, 주변 교통 호재 등)들이 있는지 우선 확인해야 하고 말이야.

쉽게 말해서 실거주자든, 투자자든 누군가에게 팔리기 좋은 아파트를 사는 게 장기적으로 봤을 때 훨씬 마음이 편할 뿐 아니라 나중에 원활한 매도를 위해서도 좋단다.

또 반드시 고려해야 할 게 있단다. 바로 매도 무렵의 해당 지역 공급량(입주 물량)이야. 만일 2년 뒤에 투자한 아파트를 매도한다고 했을 때 매도할 지역의 입주 물량이 어떠냐에 따라 투자 수익과 매도 가능성 등이 크게 달라질 수 있다. 예를 들어 내가 투자한 지역의 입주 물량이 2년 뒤 그 지역의 수요보다 훨씬 많다면 당연히 전세 가격이나 매매 가격이 내려갈 가능성이 크고 매도할 때 어려움을 겪을 수 있다. 그러니 투자할 때는 매도를 염두에 두고 매수해야 하며 2년 뒤 입주 물량을 반드시 고려해서 입주 물량이 수요에 비해 많은 곳은 피하거나 매도 시기를 다른 때로 변경해야 한다.

　아빠도 투자를 위해 아파트를 매수할 때는 계속 가지고 갈 아파트인지, 아니면 일정 조건이 충족되면 매도할 아파트인지 매수 시점에 미리 계획을 세운단다. 만약 매도할 아파트라면 매도 조건을 갖추었을 때 과감히 해당 아파트를 정리하고, 여기서 낸 수익으로 또 다른 투자처를 물색하지. 그런데 매도 계획 없이 무턱대고 여러 집을 사서 모았다가 나중에 곤란한 상황에 빠지는 투자자들도 많이 봤다. 너도 투자를 위해 집을 매수한다면 반드시 어떻게 매도할 것인지 계획을 세우고 나서 집을 매수하도록 해라.

# 투자할 때 남과 비교하지 마라

아들아, 아빠는 삶의 행복이란 매우 상대적인 것이라고 생각한다. 만약 내가 순자산 10억 원을 가지고 있다고 해보자. 5억 원을 가진 사람들 사이에서 내가 10억 원을 가지고 있다면 만족하며 행복을 느낄 가능성이 클 것이다. 그런데 20억 원을 가진 사람들 사이에서 내가 10억 원을 가지고 있다면 그때는 만족하지 못하고 불행하다고 느끼지 않을까?

재산이 아닌 삶에서도 우리는 묘하게 남과의 비교를 통해 행복 또는 불행을 느끼는 심리적 속성이 있는 것 같다. 예를 들어 누군가 결혼한다고 청첩장을 돌리면 대체로 사람들의 첫마디는 "얼마나 만났나요?", "괜찮은 사람이니?", "결혼 축하한다" 같은 말이 아니라 "어디에 신혼집을 구했니?", "배우자는 뭐 하는 사람이니?"이다.

그렇게 물어봐서 자신보다 더 좋은 집, 능력 있는 배우자를 얻었다고 생각되면 왠지 모를 불행을 느끼는 것이다. 하지만 남들보다 못한 것이 정말 불행인 걸까? 남들보다 조금 더 나은 것이 정말 행복한 삶인 걸까?

## 남과 비교하기보다는 살아남는 것을 선택하라

비교로 행복을 가늠하는 것은 투자의 세계에서도 자연스러운 일이다. 누구는 얼마를 벌었고, 누구는 이번에 건물을 올렸더라 같은 부럽고 질투 날 만한 소식이 자주 들려오기 때문이다. 많은 투자자의 블로그에 가보면 하나같이 정말 열심이고, 쉬지 않고 투자를 이어나가는 모습을 많이 본다. 그리고 그들이 실제 얼마를 벌었는지 수익을 인증하는 글들을 보면 자기도 모르게 비교하게 되고 '나는 고작 얼마인데 누구는 얼마네…' 하는 질투의 마음이 생겨난다.

그래서 부동산 카페에 '제 나이 몇 살에 순자산 얼마면 어느 정도인가요?', '제가 어느 정도 버는데 이 정도면 어떤가요?' 같은 글들이 심심치 않게 올라오는지도 모른다. 이런 사람들은 대개 상위권에 있는 이들이다.

하지만 이는 남과 비교해서 만족을 얻으려는 욕구에서 나오는 말과 생각이다. 아빠가 생각하기엔 적어도 투자의 세계에서는 남과의 비교가 무의미하다. 투자를 계속하는 한 그 세계에서 살아남는 것이 가장 중요하다. 한순간의 판단으로 모든 것을 날릴 수도 있고 때로는 9회말 역전 만루홈런이 가능한 곳도 투자의 세계이기 때문이다. "강한 자가 살아남은 것이 아니라 살아남은 사람이 강한 것이다"라는 말이 가장 잘 어울리는 곳이지.

주식 투자의 전설로 불리는 워런 버핏은 이렇게 말했단다.

"투자의 제1 원칙, 절대 잃지 마라."

"투자의 제2 원칙, 첫 번째 원칙을 절대 잊지 마라."

투자를 계속 이어나가고 살아남았다면 다른 사람과의 비교는 무의미해진다. 남들이 나보다 얼마를 더 벌었다고 해서 기죽을 필요도 없고, 내가 남들보다 더 뛰어난 성과를 얻었다고 자만할 필요도 없지.

이번에 좀 쉬고 있다고 해도 다음에 더 잘하면 된단다. 계속 준비하며 칼을 갈고 있으면 돼. 남과 비교하면 자신의 삶을 좀먹을 뿐이야. 남과 비교하며 허세를 부린다거나, 남을 이기기 위해 무리하게 투자하다간 손해를 볼 수도 있다. 스스로의 원칙을 세워 투자하고, 투자의 세계에서 오랫동안 살아남아 있다면 얼마든지 나중에 부자 소리 들으면서 잘살 수 있다고 아빠는 생각한다.

무엇보다 남과의 비교에서 생겨나는 조급한 마음을 조심해야 한다. 조급함을 이기지 못하고 무리한 투자를 하게 되면 십중팔구 망한다고 단언한다. 이런 사람들은 자신의 상황을 전혀 생각지 않고 남들과 비교하다 조급한 마음이 생겨 무리하게 투자하지. 그러다 어느 순간 위기가 찾아오면 결국 극복하지 못하고 그간 쌓아 올린 모든 공을 날리는 것이다.

사람은 남보다 뒤떨어지고 있다는 생각에 조바심을 내거나 조급함을 느끼는 순간 평정심을 잃고 실수하기 마련이다. 투자는 큰돈이 오가는 만큼 정확한 판단이 필요하기에 최대한 냉정하고 객관적으로 상황을 바라볼 수 있어야 한단다.

가장 중요한 것은 남과의 비교나 경쟁이 아니라 끝까지 살아남는 것이라는 사실을 다시 한번 마음에 새기길 바란다.

# 자기 원칙의
# 중요성

아마도 언젠가 너도 대학생이 되고 사회 초년생이 되어 사회에 발을 내디뎠을 때 종잣돈을 모으고 투자를 시작하겠지. 그러면서 너만의 목표도 세우고 이루고 싶은 바를 이루기 위해 최선을 다할 거야. 그런데 열심히 공부하고 성과를 내기 위해 아무리 애쓴다고 해도 생각처럼 되지 않는 것이 인생이요, 투자란다. 게다가 시시때때로 산과 같은 위기를 마주해야 하니, 단단한 마음과 신념이 없으면 버티고 나아가기 어렵단다.

그래서 이번에는 네 투자와 인생을 든든히 뒷받침해줄 신념과 원칙에 대해 이야기해보려 한다.

## 원칙이 없으면 투자의 세계에서 살아남을 수 없다

요즘은 경제적 자유를 얻어 조기 은퇴하는 '파이어족' 되기가 유행인 것 같구나. 실제로 많은 젊은 사람이 경제적 자유를 얻기 위해 투자한다고 하는데, 그렇게 언제까지 경제적 자유를 이루겠다고 마음먹었다면 어느 시점부터는 마음이 조급해지기 마련이다.

특히 열심히 투자해나가다 어느 순간 투자할 돈이 떨어지기도 하고, 어떨 때는 실수를 저질러 매수한 부동산이 하락을 거듭해 고점에 물리기도 한다. 전세 가격이 떨어지는 역전세가 발생해서 돈을 내줘야 할 때도 있고, 예상했던 것과 달리 전세가 쉽게 나가지 않아서 대출을 받으러 이리저리 뛰어다니는 등 수없이 많은 리스크에 직면하기도 하지. 그러다 보면 훌륭하게 성과를 내는 다른 투자자들을 보면서 시기하는 마음이 들 수 있고 '난 무얼 하고 있나' 하며 자괴감도 들 수 있단다.

당장 아빠만 해도 지금은 부동산 투자를 활발하게 하고 있지는 않아. 2022년 8월 무렵 청주에 있는 아파트를 1채 매수한 것 외에는 2022년에 딱히 다른 곳에 투자한 것이 없다. 현재 내야 할 종부세(아빠의 경우 2021년에 1,800만 원 정도의 종부세를 부담했다)도 부담되거니와 계속 더 오를 공시지가는 더 큰 문제다. 또 미국은 금리 인상 기조를 유지하고 있고 우리나라의 금리도 많이 올라갔다. 현재 수도권을 비롯해 많은 지역의 부동산이 하락세인 것은 사실이다.

이런 상황에서 투자에 대해 자기만의 확고한 원칙이 없다면 투자하기 쉽지 않단다. 2022년 8월에 아빠는 청주에 있는 5층짜리 아파트 1채를 전 실거래가 대비 약 30퍼센트 낮은 가격에 매수했다. 대지지분이 16평 정도(평균 대지지분은 17.5평이다)라서 대지지분 대비 가격이 지방 소도시보다 저렴하게 나온 경우라 생각해 급매로 매수했지.

내 생각엔 이 아파트는 다른 소도시와 비교해 확실히 저평가된 상태였다. 그리고 주변 인프라라든지 학교 등을 고려했을 때 가격 측면에서 메리트가 있다고 판단했다. 만약 재건축이나 재개발이라도 진행된다면 더욱 좋겠지. 전세 역시 이틀 만에 쉽게 임차인을 맞출 수 있었는데 전세가율은 매수한 금액의 약 90퍼센트 정도여서 요즘 같은 관망세에 과감하게 투자를 결정할 수 있었다.

만약 본인만의 투자 원칙 없이 다른 사람들의 조언이나 컨설팅에 크게 의존하거나 이런저런 테마에 휩쓸려 투자했던 사람이라면 2022년 하반기 하락장의 상황은 더욱 혼란스러웠을 것이다. 그리고 고점 대비 크게 하락해서 거래된 사례가 심심치 않게 등장하고 있다. 지금 우리 가족이 살고 있는 용인 수지 동천동의 아파트도 전고점 10억 원 초반 대비 현재는 8억 5,000만 원 정도에 거래되고 있다. 하지만 나는 이 아파트를 5억 원 초반에 매수했고 현재 전세 금액이 5억 원 정도이니 좀 더 마음 편하게 조정장을 버텨낼 수 있는 거란다.

2022년 하반기 무렵에는 부동산 카페에도 '영끌해서 집을 샀다가 현재 지옥 같은 상황'이라는 제목의 글이 올라올 정도였다. 내 생각에 본인만의 투자 원칙을 확고하게 세워 투자했다면 분명 이런 조정장(혹은 하락장)에도 평정심을 유지하고 이런저런 대응을 할 수 있었을 것이다. 하지만 집값 급등에 따른 영끌 투자 이후 제대로 대응하지 못하고 힘들어하는 것 같아 안타까울 뿐이다.

특히 가격이 이미 상당히 많이 상승했음에도 더 오를 것이라는 기대감으로 자신의 역량 대비 지나치게 과도한 부채를 끌어와서 아파트를 매수하는 것은 상당히 위험한 행동이라고 본다(이런 것을 바로 '영끌'이라고 한다). 어차피 실거주할 집이기에 집값이 내려도 문제없다는 식으로 생각해도, 투자자도 사람인지라 일단 집값이 하락하면 집안에 불화가 생기고 엄청난 스트레스를 받기 시작하지. 게다가 금리마저 올라 갚아야 할 대출금이 늘어나면 가처분소득이 줄어들어(대출금을 많이 갚아야 하므로) 삶의 질이 떨어지기 시작한다. 거기에다 직장에서 나와야 하거나 사업이 잘 안 되는 등 리스크까지 발생하면 그야말로 진퇴양난의 상황에 놓이고 말아. 그래서 이런 영끌은 정말 조심해야 한단다.

## 눈앞의 분위기에 휩쓸리지 마라

부동산 투자를 하면서 아빠가 가장 조심하는 곳이 있다. 바로 '공급 과잉인 지역' 그리고 '이미 많이 오른 지역'이란다. 나름대로 내 투자 원칙이기도 한데, 흔히 하는 얘기로 '물량 앞에 장사 없다'는 말에 아주 중요한 의미가 담겨 있다고 생각한다.

한번 생각해보자. 입주 물량이 계속 쏟아지면 어디가 가장 크게 영향을 받을까? 바로 전세 가격이다. 입주 물량이 쏟아지면 그에 따라 전세 물량이 늘어나기 마련이고, 전세 물량이 늘어나면 전세 가격이 하락한다. 그동안 상승한 매매 가격과, 늘어난 입주 물량으로 하락한 전세 가격이 큰 차이로 벌어져 있다면(쉽게 말해 전세가율이 낮다면) 매매 가격 또한 떨어지는 전세 가격처럼 하락할 가능성이 매우 크다.

이런 입주장이 일시적으로 지나간다면야 순간의 하락은 버티면 돼. 그리고 입주장이 지나간 후에는 다시 정상적으로 돌아올 가능성이 크다. 예를 들어 내가 보유하고 있는 과천 위버필드는 입주장이 한창일 때 25평 전세 가격이 7억 5,000만 원 정도까지 거래되다가 전세 물량이 모두 빠지고 난 뒤에는 다시 전세 가격이 8억 5,000만~9억 원까지 올라가 있더라. 그래서 어떤 투자자들은 일시적인 입주장이라면 오히려 공실로 두고 나중에 높은 가격에 전세를 내놓기도 한다.

그런데 이런 상황이 계속 이어질 때는 전세 가격과 매매 가격에 당연히 부정적 요인이 된다. 예를 들어 대구는 2022년부터 2024년까지 예상되는 수요에 비해 입주 물량이 계속 많았다. 그러다 보니

2022년 하반기 대구 분양권 시장에는 분양가보다 더 낮은 가격에 분양권을 매도하는 '마이너스 피'도 등장했고, 다른 신축 아파트들도 고점 대비 상당한 폭으로 하락한 곳들이 나오고 있다.

문제는 앞으로도 몇 년간 입주 물량이 계속 많다는 거야. 그러니 대구 아파트에 투자할 생각이었다면 2021년에는 향후 공급 물량을 파악해 대구 지역 아파트 투자를 조심했어야 했다. 게다가 지금 대구 아파트 가격이 크게 하락했다고 섣불리 들어가는 것도 그렇게 좋아 보이진 않는다. 앞으로도 공급 물량은 여전히 많아서 하락이 쉽게 멈출 것 같지는 않구나.

이런 상황이 계속되면 아마 대구의 미분양도 꽤 늘어날 것이고, 신축이나 재개발사업지 등에서도 큰 폭으로 가격이 하락했을 것이다. 그런데 미분양이 늘어나고 하락이 지속되면 건설사는 공급을 멈추고 재건축, 재개발 등의 정비사업도 지연될 수밖에 없다. 이러면 반드시 공급 부족으로 이어진다.

그래서 나는 대구가 기존의 공급 과잉을 소화해내고 앞으로 입주 물량이 조금씩 부족해지기 시작할 때가 과감히 투자하러 들어갈 때가 아닐까 생각한단다. 투자 시그널로는 대구의 미분양이 계속 줄어들 것이고 향후 공급 부족이 예정되어 있으며, 그동안 계속된 하락으로 매수자 우위 시장이 형성되어 있는 것 등을 들 수 있어. 이럴 때 대구 핵심지 아파트 갭투자나 재건축·재개발 사업 등에 투자하면 좋은 성과를 낼 것이다.

또 이미 많이 오른 지역도 상당한 리스크를 안고 있다고 생각한다. 부동산은 영원히 오를 수도 없고 영원히 떨어질 수도 없다. 산이 높으면 골이 깊기 마련이다. 5억 원이었던 집이 아무리 화폐가치가 하락하고 물가가 상승했다고 해도 몇 년 만에 20억 원 가까이 오르는 것은 분명 어느 정도의 오버슈팅(overshooting)이 있었다고 밖에 생각되지 않는구나.

아빠는 집값에는 '관성'이라는 것이 있다고 생각한다. 한번 상승하면 어느 정도 거품이 생길 때까지 계속 상승하고, 한번 하락하기 시작하면 내재가치 이하로도 떨어질 수 있는 게 집값이라고 말이야. 이 관성은 사람들의 심리와도 어느 정도 관련이 있는데, 사람들은 생각보다 분위기에 잘 휩쓸린단다. 집값이 계속해서 상승하면 처음에는 의심하고 하락을 기다리던 사람들도 나중에는 무리해서라도 상승행 기차에 탑승하려고 한다. 이미 크게 오른 가격이 리스크인데도 아무런 분석도 없이 '아파트 가격은 장기 우상향, 실거주 1채는 무조건 진리' 같은 말 등을 내세우며 무리를 해서라도 오를 대로 오른 아파트를 매수하려고 하지.

이러면 하락장이 올 때 엄청난 타격을 입는다. 또 집값이 계속 하락하기 시작하면 사람들은 이자 내기에 점차 지쳐가고, 나중에는 손해를 봐서라도 급매로 집을 내놓고 말지. 분명 바닥은 지나고 어느 순간 해가 다시 뜨겠지만, 지금의 어둠이 계속되리라는 공포에 휩싸여 현재 상황을 냉정하게 바라보지 못하고 분위기에 휩쓸려

급급매로 집을 처분하게 돼. 그러다 나중에 집값이 다시 상승하기 시작하면 예전 가격이 생각나서 다시 집을 매수하지도 못하고 전세 난민으로 떠도는 거지.

## 자신만의 투자 원칙을 갈고닦아라

결국 이번 글에서 네게 해주고 싶은 이야기는 바로 이것이란다.

"투자할 때는 자신만의 투자 원칙이 필요하다."

자신만의 원칙 없이 투자한다면 요즘 투자자들 사이에서 유행했던 '공시지가 1억 원 이하 지방 아파트 갭투자'라는 테마에 휩쓸릴 수 있다. 이런 방식의 투자가 관심을 끈 것은 다주택자는 취득세가 매우 높은데 공시지가 1억 원 이하는 다주택자라도 1.1퍼센트의 낮은 취득세율을 적용하기 때문이다. 물론 이런 투자가 무조건 잘 못됐다는 게 아니다. 초기에 들어가 이익을 내고 빠져나온 사람들은 분명 존재한다.

그런데 지금도 이 테마에 뛰어드는 사람들이 여전히 많단다. 생각보다 많은 사람이 자신이 정한 원칙에 따라 투자하는 것이 아니라, 선진입한 투자자들의 꾐에 빠지기도 하고 이런저런 강의를 듣고 우르르 몰려가서 같이 투자하기도 한다. 심지어 '지방 공시지가 1억 원 이하 취득세 1.1퍼센트' 테마에 더해 '지방 중소도시 3억 원 이하 양도세 중과 없음' 테마까지 같이 넣어 외딴곳 산업단지 앞 아파트 단지에까지 우르르 몰려가서 투자하는 것도 봤다.

그런 곳은 투자자 10명이 가서 나온 매물 20개를 쓸어버리면 바로 호가가 몇천만 원씩 오르더라. 그리고 열심히 위 테마와 각종 호재(실현될 가능성은 별로 없지만)로 유혹하면 선진입 투자자들의 매물을 받아줄 '호구'들이 몇 명씩 오더구나.

하지만 자기만의 투자 원칙 없이 단순히 '지방 저층 주공 언젠가는 재건축된다더라'라는 말만 듣고 무작정 가서 투자하는 게 옳을까? 언제 매도하고 나와야 할지도 모르고 이 아파트가 재건축 사업성을 갖추고 있는지도 모르는데, 이런 걸 진정한 투자라고 할 수 있을까? 나는 이런 건 투자가 아니라 투기라고 본다.

투자는 자신만의 투자 원칙이 필요하며 무엇보다 투자해놓고 마음이 편해야 한다. 그래야 장기적으로 시간의 힘에 기대 큰 수익을 낼 수 있다. 마음이 편하려면 어떻게 해야 할까? 계속 발전할 수 있는 곳에 투자하면 된다. 이건 아빠의 가장 중요한 투자 원칙 중 하나이기도 하단다.

실현 가능성이 낮은 호재들을 듣고 흥분해서 곧장 사러 가기 전에 이 호재들이 과연 어떤 의미인지 스스로 분석하고 자신만의 투자 원칙에 맞게 투자해야 한다. 그리고 스스로 물어봐야 한다. 이곳은 과연 계속 발전할 수 있는 곳인가?

내가 정한 투자 원칙에 맞게 투자했다면 그다음에는 마음 편히 시간 속에 묻어두면 된다. 특히 내가 투자하는 지역에 대해 다른 사람들에게 왜 그 지역을 사는지 확실하게 이유를 설명할 수 있어야 해. 그렇게까지 했는데도 만약 실패한다면 어디서 실패했는지 원인을 찾고, 다시금 자신의 투자 원칙을 더 발전시키고 새롭게 재정립하면 그만이다. 이런 사람은 어떻게 해도 성공할 수밖에 없다는 점을 기억하도록 하거라.

# 싸게 사서 비싸게 팔아라

모든 투자의 핵심은 물건을 싸게 사서 제값에 팔거나, 오른 가격에 팔아서 이익을 남기는 것이다. 부동산 투자도 예외일 리 없다. 부동산을 싸게 산다는 말은 결국 부동산 가격이 내재가치 이하로 떨어졌을 경우를 말한다. 만약 부동산 가격이 내재가치 이하로 떨어지려면 사람들이 어떤 이유에서든 가지고 있는 물건들을 싸게 내던져야 한다. 그 상황의 트리거가 세계 금융위기든, 전쟁이든, 과도한 공급이든 상관없이 사람들이 가지고 있는 물건들을 급매로 계속 내놓는 거지. 그러다 매수 심리가 완전히 죽어 사람들이 물건을 사지 않고 계속해서 급매물이 쌓여가야 한다. 이런 상황이 지속되면 아마 크게 가격이 하락했을 것이고 어느 순간 내재가치보다 낮게 가격이 나올 것이다. 이때가 바로 매수의 시점이다.

## 부동산 시장에는 상승과 하락의 사이클이 있다

부동산 가격이 내재가치 이상으로 올라가려면 여러 요인으로 계속해서 가격이 상승하고, 여기저기 떠들어대는 각종 호재들로 사람들의 욕망이 부풀어 올라야 한다. 지금 아니면 도저히 집을 살 수 없을 것 같은 조급함과 두려움 등이 이제껏 집을 사지 않았던 사람들마저 움직이게 만들어야 해. 그러면 분위기는 더욱 과열되고, 가격은 누가 봐도 이상하리만치 높은데 다들 그 가격을 정상적으로 받아들인단다. 심지어 가격이 더 올라갈 것이라고 이구동성으로 외치는 상황이 되지.

그런데 시장은 놀라운 자정작용이 있다. 지나치게 하락하거나 지나치게 상승한 패닉이 지나가고 나면 부동산 가격은 언제 그랬냐는 듯이 자연스레 내재가치를 향해 수렴한다. 그리고 그 내재가치란 것은 통화량의 증가로 물가가 계속 오르기 때문에 인건비, 자재비 등의 상승과 맞물려 조금씩 오르는 게 당연하다. 지금, 이 순간도 돈은 계속 새로 찍혀서 시장에 풀리고 있기 때문이다.

정부가 추경예산으로 몇조 원을 푼다고 했을 때 그 돈이 다 어디서 나왔을까? 코로나19 재난 지원금은 어디서 나왔을까? 모두 돈을 찍어내서 마련한 것이다. 돈은 서로가 약속하고 사용하는, 신용에 기반을 둔 화폐다. 화폐가 늘어나면 당연히 화폐가치는 하락하고 물가는 상승하지. 그래서 장기적으로 보면 부동산 가격은 우상향한다는 말이 맞을 것이다. 다만 그 과정에서 오르고 떨어지는 폭이 크다 보니 상승장과 하락장이 생겨나는 거란다.

시장에서는 물고 물리는 사이클이 형성된다. 예를 들어 아파트 가격이 크게 오르면 사람들은 아파트를 앞다퉈 사려고 할 것이고, 건설사들은 이때다 싶어 높은 분양가에 아파트를 최대한 많이 팔려고 할 것이다. 즉 아파트 가격의 상승은 아파트 분양 물량의 증가를 가져오고, 그 분양 물량은 몇 년 후 입주 물량 폭탄으로 돌아온다. 점차 늘어나는 미분양은 덤이다. 결국 입주 물량 폭탄은 전세 가격을 떨어트리기 시작하고, 떨어진 전세가는 치솟은 매매가를 끌어내리겠지.

또한 아파트 가격이 크게 하락하면 사람들이 아파트를 사려고 하지 않아서 건설사에서는 당연히 아파트를 짓지 않으려 할 것이다. 즉 아파트 가격의 하락은 아파트 분양 물량의 감소를 부르고 분양 물량의 감소는 몇 년 후 입주 물량 감소를 부른다. 입주 물량이 감소하면 당연히 전세 가격이 오르기 시작하고, 낮아진 매매가와 맞물려 전세가율이 오르기 시작한다. 그러다 보면 전세 가격의 상승은 매매 가격의 상승을 이끌어낼 것이다.

이렇듯 투자의 세계에서 상승과 하락은 서로 맞물려 있단다. 계속 상승하는 곳에서는 가격이 오를 대로 오른 상태이기 때문에 오히려 새로운 투자를 조심해야 한단다. 반대로 긴 하락장을 겪고 있는 곳에서는 가격이 내재가치 이하로 떨어졌을 가능성이 크기 때문에 좀 더 용기를 내어 투자를 시작해야 하고 말이야.

사실 이렇게 하락하는 곳에 투자하는 것은 정말 쉬운 일이 아니란다. 더 떨어질 것 같고 이런 분위기가 계속해서 이어질 것만 같지. 그러나 이런 하락장이 계속되어 공급에 몇 년 동안 공백이 발생하면 공급 부족으로 전셋값이 크게 상승한다. 게다가 사람들 역시 하락장에서는 집을 매수하기보다는 전세나 월세를 택하기 때문에 전·월세의 수요가 크게 증가해 전셋값 상승에 큰 역할을 하지. 그리고 이렇게 오른 전세 가격이 하락이나 보합 중인 매매 가격을 밀어 올리면 하락장에서 상승장으로 전환되기 시작하는 것이다.

## 과도한 물량으로 고통받은 지역에 주목하라

따라서 오랜 기간 과도한 물량으로 고통받은 지역에 투자해야 한단다. 오랜 기간 과도하게 물량이 공급되어 가격이 하락 혹은 정체기를 겪은 지역은 지금 긴 어둠의 터널을 지나고 있다고 보면 된다. 어둠의 끝이 오면 밝은 미래가 기다리고 있겠지? 과도한 물량으로 고통받은 지역은 시간이 지나 공급 물량이 소화되면 신축 아파트들이 밀집된 살기 좋은 곳으로 탈바꿈한다. 처음에는 과도한 공급 물량으로 신축이 흔해져서 제값을 받지 못했지만, 공급이 완료되고 나면 신축의 가치가 다시 올라간다는 말이다.

다만 해당 지역이 자족 도시로서의 면모를 갖추고 있어야 한다.

양질의 일자리를 갖춘 지역이어야 한다는 말이다. 이런 지역들은 오랜 기간 가격이 정체되어 있으면 한 번에 크게 뛰어오르기도 하지. 실제로 그동안 과도한 공급으로 눌려 있던 지역들의 시세를 살펴보면 과공급이 해소되는 어느 시점에 집값이 크게 뛰어오른다는 것을 확인할 수 있다.

특히 과도한 공급 물량이 예정된 큰 신도시를 주의 깊게 봐야 한다. 큰 신도시는 주택 공급이 계속해서 이어지다 보니 아파트가 과도하게 공급되고, 그로 인해 신축 아파트가 흔해지고 가격은 맥을 못 추지. 그러다 하락장이라도 맞으면 미분양이 늘어나고, 입주하는 아파트들에서 마이너스 피가 속출한다.

그런데 역으로 생각해보자. 그 공급 과정을 이겨내고 나면 주변에 새로운 공급은 당분간 없을 것이고 신축 아파트 밀집 지역이 되어 살기 좋은 깨끗한 동네가 될 것이다. 당연히 주변 사람들을 끌어모으고 가격도 점점 오르지.

즉 과다 공급 물량으로 신음하는 신도시에 공급 물량이 마무리되어 갈 때쯤 과감하게 들어간다면, 그동안 하락하거나 정체 중이었던 신도시 신축 아파트의 가격은 어느새 큰 폭으로 올라 있는 걸 발견할 것이다. 그 사례로는 원주의 혁신도시 및 기업도시, 평택의 고덕신도시, 화성의 동탄신도시, 김포의 한강신도시 등을 들 수 있단다. 흔히들 신도시는 장화 신고 들어가서 구두 신고 나온다고 한다. 그만큼 완성되었을 때 도시 자체의 쾌적함과 가격 상승은 주변

도시를 압도하고도 남지. 그래서 과도한 물량으로 신음하고 마이너스 피가 속출하며 모두가 안 된다고 외칠 때, 그때가 바로 투자할 가장 좋은 타이밍이란다.

부동산 투자를 다룬 책들을 보면 많은 저자가 부동산 경매를 활용해 경제적 부를 이루었음을 얘기하곤 한다. 특히 경매 물건 중에 이른바 '대항력' 있는 임차인이 있다거나 가등기나 유치권이 있는 특수한 물건인 경우, 아무도 낙찰을 받으려고 하지 않다 보니 계속 해당 물건이 유찰되어 가격이 엄청나게 저렴해지지. 그런데 이런 문제들을 해결할 수만 있다면 매우 저렴한 가격으로 낙찰을 받아 큰 이익을 볼 수 있단다.

어떻게 보면 경매 역시 '싸게 산다'라는 투자의 핵심 원리를 잘 지키고 있는 것이다. 반면 경매에서 '싸게 산다'라는 핵심 원리를 지키지 못하면 오히려 손해를 볼 수도 있다. 예를 들어 어떤 사람이 부동산 하락기에 기존 거래된 가격만 보고 그보다 낮은 가격에 아파트를 낙찰받았는데, 낙찰을 받은 후 동네 부동산에 가보니 낙찰 가격보다 더 저렴한 급매가 나와 있어 결국 낙찰 보증금을 포기했다는 사례도 있다.

핵심은 싸게 사서 최소한 제값을 받고 팔거나 오른 가격에 파는 것, 이것이 투자의 핵심임을 기억하기 바란다.

## 3장

Real Estate Lessons
from a Rich Dad

# 아빠가 들려주는
# 부동산 투자의 기술

## 건물보다 땅이 중요한 이유
### : 입지와 대지지분

부동산에서 가장 중요한 3가지를 꼽으라면 첫째도 입지, 둘째도 입지, 셋째도 입지라는 말이 있다. 그만큼 입지가 부동산 투자에서 중요하다는 뜻이겠지.

예전 아빠와 엄마가 아기였던 너와 같이 살 집을 구하기 위해 여기저기 아파트들을 둘러보다가, 아빠 직장이 있는 곳까지 출퇴근이 편한 신분당선 역세권 근처의 아파트들을 보러 갔던 적이 있었다. A, B, C 세 아파트가 있었는데 A 아파트가 2001년, B 아파트가 2003년, C 아파트가 2005년에 지어졌더구나. A, B, C 세 아파트를 모두 둘러보았지만 역시나 가장 뒤에 지어진 C 아파트의 상태가 가장 좋았다. A 아파트는 고작 4년 차이인데도 실내 구조라든지 내부 마감재 같은 것들이 C 아파트보다 좋지 않았다. 바닥 같은 경우도 C 아파트는 원목마루였는데 A 아파트는 장판이었고, 화장실도 C 아파트가 A 아파트보다 훨씬 넓고 상태가 좋았다.

그런데 그때 부동산 사장님이 이런 말을 하더구나. 원래는 C 아파트가 가장 비쌌는데 최근에는 A 아파트가 더 비싸졌다고 말이다. 실제로 보니 A 아파트가 C 아파트보다 더 비쌌고, 두 아파트 간 가격 차이도 점점 벌어지고 있었다.

## 핵심 입지는 결코 하락하지 않는다

도대체 무엇 때문이었을까? 바로 지하철역과의 거리가 이유였다. A 아파트는 역과의 거리가 500미터 이내, 즉 역세권이었고, C 아파트는 1킬로미터로 마을버스를 타야 역까지 갈 수 있고 걸어가면 15분 정도 걸리는 비역세권이었던 것이다.

이것이 의미하는 바는 무엇일까? 같은 동네이기 때문에 처음에는 신축이 구축보다 당연히 더 비싸다. 신축은 최신 공법으로 지은 데다가 내부 구조도 좋고 최근 트렌드도 많이 반영해서 조식 서비스나 크고 다양한 커뮤니티 시설(수영장, 사우나, 헬스클럽 등)도 갖추고 있다. 그래서 많은 사람이 신축에 살고 싶어 한다.

하지만 문제는 신축이라는 이점이 영원하지 않다는 점이다. 새로 지어진 아파트도 시간이 지나 낡고 오래되면 구축 아파트가 된다. 당연히 신축으로서의 가치는 떨어진다. 또한 건물값은 갈수록 감가상각(가치가 떨어짐)이 될 수밖에 없다. 중고품이니 말이다.

너도 알겠지만 네가 쓰던 물건을 남에게 팔 때는 샀던 가격 그대로 팔 수 없다. 그러면 아무도 사지 않을 것이기 때문이지. 가격을 확 낮춰야 중고품다운 가격이 되고 그래야 중고 매매가 이뤄진다. 아파트도 마찬가지란다. 콘크리트 건물은 시간이 갈수록 낡아가기 때문에 우리가 사는 아파트값은 계속해서 떨어지는 것이 당연한 거란다.

그런데 그때부터 힘을 발하는 것이 바로 입지다. 더 자세히 말하면 입지 중에서도 아파트의 대지지분이 힘을 발휘하는 거야. 내가 한 아파트를 가지고 있다면 나는 아파트라는 건물만 가지고 있는 것이 아니라 땅(대지지분)도 가지고 있는 거란다.

쉽게 설명해볼게. 한 아파트 단지가 1,000평이라고 해보자. 입주민은 20명이라고 해볼까? 또 입주민은 모두 동일한 평수에 살고 있고 상가 같은 것은 없다고 해보자. 그러면 입주민 20명은 아파트 단지 1,000평 중에 각각 50평씩을 가지고 있는 셈이다(20명×50평 =1,000평). 즉 나는 아파트 건물도 가지고 있고 아파트 단지 안의 대지지분도 가지고 있는 거야.

그런데 이 땅값은 어떻게 될까? 아파트처럼 감가상각이 될까? 아파트는 낡아가니까 감가상각이 되는데 땅은 그렇지 않단다. 오히려 입지가 좋은 곳의 땅은 계속해서 그 가치가 올라가지. 예전에는 아파트 주변에 인프라(상권, 교통시설, 학원가 등)가 부족했는데 세월이 흐르면서 아파트 주변에 여러 편의시설 건물들이 세워지고 지하철 역이나 버스정류장이 새로 생기는 등 교통까지 좋아졌다고 해보자. 그러면 해당 아파트 단지의 땅값은 당연히 예전에 비해 크게 오르지 않을까?

게다가 핵심지 땅은 화폐가치의 하락만큼 일어나는 물가상승을 방어할 수 있는 아주 중요한 실물 자산이다. 그래서 실제로 핵심지 땅의 공시지가를 살펴보면 지금까지 하락한 역사가 거의 없을 정도로 매년 땅의 가치는 상승해왔단다.

## 땅을 산다는 생각으로 아파트를 사야 한다

나는 단언할 수 있다. 입지 좋은 곳의 아파트는 단기적으로는 대내외의 경제 상황이나 주변 아파트의 공급량 등에 따라 올랐다가 떨어졌다가 하겠지만, 장기적으로 보면 절대 가격이 하락하지 않고 우상향한다고 말이야. 좀 더 정확하게 말한다면 아파트값이 올랐다가 아니라 아파트 대지지분의 값이 올랐다고 말해야겠지.

다만 앞에서도 계속 강조했지만 이때는 입지가 좋은 곳이어야 한다. 수도권 주요 지역 지하철 역세권의 핵심 입지 아파트 대지지분 가격은 주변이 계속해서 개발되는 만큼 장기적으로 계속해서 오른다. 하지만 교통수단이 열악하고 여전히 주변이 논밭인 곳은 택지지구 등으로 묶여 획기적으로 개발되지 않는 한, 땅값이 물가

상승률 정도만큼 조금씩 오를 수는 있어도 입지 좋은 곳의 아파트 대지지분 가격처럼 크게 오를 수는 없을 거야. (실제로 아파트는 대부분 땅이 3종 주거지역이라서 서울 같은 경우 용적률을 300퍼센트까지 받을 수 있다. 그런데 단독주택이나 저층 연립주택 밀집 지역은 주로 1종 주거지역이어서 높은 용적률을 받을 수 없는 곳들이 대부분이다. 용적률이 낮으면 그만큼 건물을 높이 올릴 수 없어서 이럴 때는 같은 동네에 있어도 땅의 용도에 따라 가격 차이가 크게 나게 된다.)

다시 위의 이야기로 돌아가면 예전에는 C 아파트가 더 신축이었으니까 A 아파트보다 가격이 더 비쌌던 거야. 그런데 시간이 흘러 아파트값은 똑같이 감가상각되는데 A 아파트가 지하철역과 더 가까운 좋은 입지라서 C 아파트의 대지지분 가격이 오르는 것보다 A 아파트의 대지지분 가격이 더 크게 올랐던 거지. 그래서 어느 순간 두 아파트 간 가격에 역전이 일어났고, 시간이 계속 지날수록 그 차이는 더 벌어질 거야. 왜냐하면 시간이 지날수록 아파트 건물값은 큰 의미가 없고(오히려 하락하고) 아파트 대지지분 가격이 의미가 있으니 말이야.

아들아, 이제 왜 아파트를 살 때 입지가 좋은 곳의 아파트를 사야 하는지 알겠니? 입지는 도망가지 않는다. 땅이기 때문이지. 땅을 부동산(不動産)이라고 하는 것도 바로 그런 이유란다.

그러니까 준공 연도, 지하 주차장이 아파트와 연결되어 있는지, 커뮤니티 시설이 있는지 등을 고려하면서 아파트를 사는 것은 아파트들이 동일한 입지일 때 적용할 수 있는 것들이란다. 너는 꼭 좋은 입지의 아파트를 사도록 해라. 땅의 힘을 믿어라. 시간이 지날수록 입지 좋은 아파트, 대지지분이 좋은 아파트가 큰 힘을 발휘할 테니 말이야. 쉽게 말하면 아파트를 살 때 '아파트를 산다'라고 생각하지 말고 '이 아파트의 대지지분(땅)을 산다'라고 생각하렴. 그러면 시간이 흐르고 아파트가 낡아가더라도 네가 가진 땅은 계속 값이 올라서 너의 자산을 늘려줄 거야.

하나만 더 이야기하자면, 그렇다고 해서 무조건 입지만 생각해서도 안 된단다. 상황에 따라 융통성 있게 사고하는 것이 필요해. 때로는 입지보다 신축이냐 구축이냐를 더 주요한 판단 근거로 삼아야 할 때도 있다. 예를 들어보자. 구축들이 즐비한 곳에, 기존 구축들이 낮은 사업성이나 높은 용적률로 재건축이나 재개발되기 어려운 상황에서 갑자기 신축 아파트가 들어선다면 어떻게 될까?

분당에 그와 비슷한 일이 있었단다. 분당은 1990년대에 지어진 1기 신도시로 이제는 모든 아파트가 다 같이 낡아가고 있는 구축들이지. 녹물 이슈도 있고 바닷모래로 집을 지었다는 이슈도 있어서 집 상태는 썩 좋지 않은 편이야. 바로 네가 그곳에서 어린 시절을 보냈단다.

그런데 역에서도 한참 멀고 학군도 주변에 비해 좋지 않은 곳, 그나마 탄천이라는 자연환경이 바로 앞에 있는 곳에 신축 아파트가 분양되었다. 그것도 당시로선 꽤 고분양가로 말이다. 결과가 어땠을까? 놀랍게도 높은 청약 경쟁률로 모두 분양되었고 게다가 프리미엄도 상당히 붙었단다. 왜 그랬을까? 지하철역으로 나가려면 버스를 타고 나가야 하고, 학군도 주변 다른 학교에 비해 다소 떨어진다는 평가를 받았는데 말이다.

　나는 그때 깨달았단다. 구축 아파트들로만 이루어진 곳 그리고 주변에 신축 아파트 공급 계획이 거의 없다면, 비록 교통이 좋지 않고 입지가 조금 떨어지더라도 신축이라는 이유로 사람들의 수요가 많을 수밖에 없다는 것을 말이다. 그러니 단정적이거나 경직된 사고를 조심해야 한다. 늘 상황에 따라 융통성 있게 대응할 수 있어야 진정한 전문가가 될 수 있단다.

좋은 입지의
조건

앞서 부동산 투자에서 입지가 갖는 중요성에 대해 머릿속에 새겼다면 이제 어떤 입지가 좋은 입지인지 구체적으로 알아보자. 어쩌면 눈치챘을지도 모르지만, 아빠는 투자할 때 가장 저렴한 부동산에 투자하는 것보다 조금 비싸더라도 가장 좋은 입지의 부동산에 투자하는 것이 중요하다고 생각한단다.

## 교통: 핵심 업무지구를 지나는 지하철에 주목하라

나는 좋은 입지의 첫 번째 조건은 교통이라고 생각한다. 교통 중에서도 가장 좋은 것은 지하철이다. 지하철역을 하나 짓는 것은 돈이 무척 많이 드는 일이야. 정부에서 짓든, 민간기업에서 짓든 지하철역을 지으려면 일단 땅을 구해서 파고 선로를 깔아야 한다. 그러니 지하철역을 하나 짓는 데만 어마어마한 돈이 든다고 할 수 있다.

그러면 이런 지하철을 어디에 짓겠니? 많은 사람이 모여 살고 기업(일자리)들이 모여 있는 핵심 입지에 짓지 않겠니? 한마디로 수요가 많은 곳에 지하철역을 짓겠지. 아무것도 없는 논밭에 지으면 이용하는 사람도 거의 없을 거고 수익도 나지 않을 거야. 그러니까 지하철역이 있는 곳은 이른바 역세권이라고 해서 그 지역에서 핵심 입지로 봐도 된단다.

또 앞으로 지하철역이 들어올 예정인 곳도 근처 아파트 입장에서는 어마어마한 호재란다. 그리고 지하철은 버스보다 가치가 훨씬 크다. 버스는 도로로 가기 때문에 차가 막히면 대책이 없다. 최근에는 간선급행버스인 BRT 등 더 나은 버스 시스템을 구축하려 하고는 있지만, 버스는 출퇴근에 가장 중요한 정시성(정해진 시간에 딱 맞게 도착하는 것)이 부족하다고 할 수 있다. 거기다 버스는 여기저기 빙빙 돌아 목적지에 갈 수도 있어 시간이 중요한 사람들에겐 맞지 않지.

그에 반해 지하철은 도착 시간이 정해져 있어. 비록 출퇴근 시간에 이용하는 사람이 많아서 혼잡하긴 하지만 정해진 시간에 와서 정확한 시간에 목적지에 도착할 수 있단다. 그래서 출퇴근하는 직장인에게는 일자리가 있는 곳까지 연결되는 지하철역 근처가 좋은 입지라고 할 수 있지.

부자 아빠 부동산 수업

특히 역으로부터 500미터 이내를 보면 좋단다. 그래야 걸어서 지하철역을 이용할 수 있는데 500미터면 보통 7분 정도 걸음이라 큰 부담이 없거든. 800미터를 넘어가면 걸어 다니기에는 좀 부담이 된다. 만일 1킬로미터라면 어떨까? 버스를 타고 지하철역으로 가야 할 거야. 그러면 시간이 더 오래 걸리지. '버스 기다리는 시간, 버스 타고 가는 시간, 지하철로 환승하는 시간'을 모두 생각해야 하니 말이야.

놀랍게도 아파트 가격들은 비슷한 연식이라는 가정 아래 역까지의 거리에 따라 단계적으로 가격 차이가 난다. 예를 들어 수도권 모 지하철역 아파트값을 기준으로 살펴봤을 때 200미터 초역세권이 5억 원대라면 500미터 역세권은 4억 원대 중반, 800미터 준역세권은 3억 원 후반에서 4억 원대 초반, 1킬로미터 비역세권은 3억 원대 초중반으로 가격이 형성되어 있더구나. 이처럼 역세권이냐 아니냐에 따라 입지의 차이가 발생하고 아파트 가격이 달라진단다.

그렇다고 모든 지하철역이 다 좋은 건 아니야. 먼저 중전철과 경전철의 개념을 알아보자. 중전철은 '무거울 중(重)' 자가 붙은 지하철로 열차 칸도 많고 사람들을 많이 실어 나르지. 우리가 잘 타는 서울 시내 1~9호선, 신분당선 등은 중전철이라고 할 수 있어. 경전철은 '가벼울 경(輕)' 자가 붙은 지하철인데 열차 칸이 적다 보니 사람들을 많이 실어 나르기도 어렵고, 지상에 선로가 깔린 경우가 많지. 의정부 경전철이나 용인 에버라인 경전철 등이 있는데 에버라인 같은 경우는 열차가 2칸(량)으로 되어 있더구나.

당연히 중전철이 경전철보다 좋겠지. 다만 최근 거론되는 경전철 중에 지상이 아닌 지하로 다니고 열차 칸도 4량 이상이라면 경전철 이지만 중전철의 장점을 지녔다고 봐도 된다. 어쨌든 경전철이 다 니는 역보다는 중전철이 다니는 역 주변의 아파트를 염두에 두도 록 해라. 또 중전철이라고 해서 다 같은 가치를 갖는 건 아니란다. 지하철이 어디를 지나는지 살펴봐야 해.

너는 서울과 경기도, 인천에서 어디를 지나는 지하철이 가장 좋 을 것 같니? 아빠는 '좋은 일자리가 있는 곳을 지나는 지하철'이라 고 생각한다. 서울의 3대 업무지구는 강남, 여의도, 광화문, 이렇게 세 곳이란다. 우리나라를 대표하는 대기업 본사들이 몰려 있고 양 질의 일자리들이 있는 곳이지. 그래서 이곳들을 지나는 지하철 노 선의 역세권 아파트들은 해당 일자리에 출퇴근하기 매우 유리하기 때문에 고소득 직장인들의 수요가 늘 많은 곳이란다.

수요가 많으면 아파트값이 올라가지. 앞서 언급한 3대 업무지구 를 지나는 지하철은 2호선(강남, 역삼, 선릉 등), 9호선(봉은사, 강남구 청 등), 3호선(광화문, 종로 등) 등이 있는데 이 지하철 노선은 다른 노 선들보다 더 높은 가치가 매겨진단다. 특히 업무지구와 가까운 지 하철역이면 더욱 좋겠지? 그래서 아빠도 강남으로 빨리 갈 수 있는 신분당선 역세권으로 집을 찾았던 것이란다. 이들 역 근처의 아파 트들은 수요가 꾸준해서 부동산 하락장에서 외곽 지역 아파트 가격의 하락 폭이 클 때도 비교적 가격 방어를 더 잘할 수 있다.

한마디로, 좋은 직장들이 있는 곳으로 연결된 지하철역 근처의 아파트는 좋은 입지를 가졌다고 생각하면 된단다.

## 학군: '초품아'와 중학교 배정을 염두에 두어라

아빠가 두 번째로 생각하는 입지의 조건은 학군이란다. 아빠도 네가 태어나기 전까진 몰랐어. 아빠는 무조건 직장 가까운 곳이 최고라고 생각했거든. 그런데 너희들이 태어나고 나중에 학교에 보낼 생각을 하니 우리 아이들이 더 좋은 환경에서 공부했으면 하는 마음이 더 커지더구나. 아마 다른 부모들도 마찬가지일 거야. 그래서 학군 좋은 곳은 늘 인기가 많지. 이런 곳은 겨울방학만 되면 학군지로 이사 오려는 수요가 많아서 전세를 구하지 못해 난리가 날 정도란다.

우리나라만 유독 학벌이 중요하고 교육열이 높은 나라라서 학군지가 비싼 건 아니란다. 미국도 그렇고, 일본도 그렇고 모든 나라에서 자녀에게 좋은 교육을 제공하는 학군지 근처는 다 비싸단다. 그러니 학군을 꼭 주의 깊게 살피도록 해라.

특히 학군 중에 중요한 것은 '초품아'다. 앞서도 말했지만 '초등학교를 품은 아파트'의 준말이지. 아빠도 너를 초등학교에 보낼 생각을 하니 가는 길이 멀지 않았으면 좋겠고, 무엇보다 차도를 건너지 않고 갈 수 있으면 좋겠다는 생각이 들더라. 그래서 차도를 건너지 않고 초등학교에 갈 수 있는 아파트들은 가격에 프리미엄이 더 붙는단다.

또한 초품아 다음으로 중요한 것이 중학교 배정인데, 내 생각엔 중학교 학군이 고등학교보다 더 중요하다고 본다. 고등학교는 특목고나 자사고 등에 지원할 수도 있고 여러 학교를 지망해서 추첨으로 선정될 수도 있어 선택의 폭이 넓다. 하지만 중학교 학군은 근거리 원칙에 의해 배정되는 만큼 선택의 폭이 없지. 그래서 어떤 중학교에 배정되는지가 가장 중요하고 여기에 초등학교를 품고 있으면 금상첨화다.

예를 하나 들어보자. 아까 아빠가 입지를 이야기할 때 지하철역까지의 거리가 아파트 가격에 중요한 역할을 한다고 했지? 실제로 모 지하철역 근처에 A와 B 두 아파트가 있는데, 지하철 역까지의 거리는 A가 B보다 200미터 더 먼데도 초등학교를 품고 있는 아파트라서 B보다 가격이 더 높았단다. 좋은 학군이 부족한 교통을 상쇄한 거지.

또 학군지가 좋은 점은 전세 수요가 풍부하다는 거야. 학부모들이 자녀를 좋은 학교로 보내기 위해 꾸준히 들어오는 곳은 하락기에도 전세 수요가 꾸준해서 어느 정도 가격 방어를 해줄 수 있단다. 특히 근처에 명문 중학교(특목고 진학률 및 학업성취도 등이 높은 학교)가 있는 곳들은 초등학생을 둔 학부모들이 이 학교에 배정될 가능성이 큰 아파트로 이사를 오기도 한단다. 실제로 명문 중학교 근처의 초등학교들은 고학년으로 갈수록 새로 전학 오는 학생들이 늘어나는 걸 확인할 수 있다(전교생 증가 현황은 '학교 알리미'란 사이트에서 확인할 수 있다).

한 예로 수지구청역 쪽에는 이현중학교라는 명문 중학교가 있다. 이 중학교에 가고자 하는 학생들의 수요가 많아서, 여기에 갈 수 있는 풍천초등학교에는 최소한 4학년 때 전학을 와야 한다더구나. 만약 6학년 때 전학을 온다면 이현중의 학생 수가 초과되어 다른 중학교에 배정될 수도 있어. 그래서 풍천초등학교 전교생 현황을 학교 알리미로 찾아보면 실제로 1~3학년보다 4~6학년이 학급 하나씩이 더 많았다. 초등학교 고학년이 될수록 학부모들이 학군지를 찾아 이동한다는 거지.

또 학군지의 인기는 같은 아파트 단지 내에서도 가격 차이를 초래한다. 예를 들어 어떤 아파트 단지의 경우 일부 동은 명문 중학교로 배정되는데 나머지 다른 동은 선호하지 않는 중학교로 배정되기도 한다고 하자. 이 경우 명문 중학교로 배정될 수 있는 동은 그렇지 않은 동보다 수요도 훨씬 많고 가격도 더 비싸게 형성된다. 그만큼 학군지의 위력이 크다는 증거지.

그렇다면 학군이 좋지 않은 곳은 무조건 배제할까? 그건 또 아니라고 본다. 학군은 새로 형성되기도 한다. 예컨대 서울의 어떤 낙후된 슬럼가가 재개발, 재건축으로 살기 좋은 신축 아파트로 새롭게 바뀐다면 아이를 키우는 젊은 직장인들의 수요가 늘어날 것이다. 그렇다면 초등학교에 입학하는 학생들도 늘어날 것이고, 학원에 대한 수요도 점점 늘어나니 근처에 좋은 학원가도 생기겠지. 그러다 보면 새로이 좋은 학군이 생길 수도 있다.

그러니 무조건 학군이 안 좋다고 투자하지 않기보다는 미래 가치가 어떻게 변할지를 살펴보는 것이 중요하다. 특히 주변이 어떻게 개발되고 어떤 사람들이 유입될지를 살펴보는 게 중요해. 요즘 새로이 학원가로 떠오르는 마포구 대흥은 근방이 재개발되어 신축 아파트 단지가 형성되면서 학생들이 많아졌고, 그에 따라 좋은 학원들이 들어온 사례라고 볼 수 있지.

## 편의성과 자연환경: 프리미엄 아파트의 조건

아빠가 세 번째로 중요하게 생각하는 것은 편의성과 자연환경이야. 아빠는 이 2가지는 떼려야 뗄 수 없는 것이라고 본다. 우리가 예전에 살던 분당 정자동은 어땠니? 나는 그곳에서 살던 추억 하면 가장 크게 떠오르는 게 바로 탄천과 카페 거리야. 이 2가지가 그곳에서의 삶에 큰 영향을 주었지. 탄천은 자연환경이라고 볼 수 있는데, 사람들은 공원이나 하천 같은 운동할 수 있는 자연환경이 있는 곳을 좋아한단다.

서울에서 이런 자연환경이 유명한 곳으로는 서울숲, 양재천, 석

촌호수 등을 들 수 있지. 실제로 이 근처에 있는 아파트들은 프리미엄이 예외 없이 붙어 있단다. 요즘 핫한 한강변 아파트들도 마찬가지야. 한강 조망도 당연히 좋거니와 한강 공원에 운동할 수 있는 환경들이 잘 조성되어 있거든. 자전거 도로도 잘 되어 있고, 산책로도 잘 되어 있어. 그러다 보니 한강 근처 아파트들은 더 비싸지는 거지. 또 요즘처럼 미세먼지가 심한 경우 '숲세권'이라고 해서 숲이 근처에 있는 아파트들도 역시 프리미엄이 붙는단다.

그렇다고 자연환경만 좋으면 어떻게 될까? 사람들은 자연환경만 좋은 곳을 일부러 찾아가진 않아. 도심의 교통 좋고 학군 좋은 곳에서 자연환경이 쾌적하면 좋은 거지, 오직 자연환경만 있다면 그건 시골과 뭐가 다르겠니? 그래서 네이버 부동산에서 주변에 아무것도 없는 외곽 지역의 나 홀로 아파트 소개 글을 보면 꼭 '공기 좋음'이라는 문구가 적혀 있단다.

그래서 나는 자연환경과 편의성을 같이 붙여서 본다. 자연환경이 좋은 데다가 다양한 병원과 약국들이 근처에 있고 대형 마트가 가까우면 살기 편하거든. 편의성을 쉽게 말하면 상권이라고도 할 수 있겠구나. 좋은 상권이 있으면 살기 편리해서 사람들이 많이 모인단다. 사람들이 모이면 수요와 공급의 원리로 그 지역은 더욱 발전하겠지. 그러니 자연환경도 좋고 편의성도 있는 입지를 선택해야한단다.

좋은 입지의 다른 조건들을 더 들 수 있겠지만 아빠 생각에는 위

3가지 조건이 가장 중요하다. 그렇다고 저 조건을 다 만족시키는 곳만 투자하라는 건 아니야. 당연히 저 조건들을 모두 만족시키는 곳은 이미 가격이 비쌀 거야. 초보 투자자인 너로서는 쉽게 접근하기도 어렵고 말이야. 그러니 네가 투자할 수 있는 수준에서 최대한 좋은 조건의 입지를 고르되 앞으로 더 좋아질 곳을 선택한다면 좋은 투자처가 되리라고 생각한다.

## 심리와 규제로 살펴보는 투자 타이밍

아들아, 너는 물건을 살 때 어떤 마음으로 사니? 그 물건이 필요하기도 하거니와, 그 물건 가격이 지금 가장 싸다고 생각하기 때문에 살 거야. 하지만 앞으로 가격이 더 싸진다고 생각한다면 지금 사지는 않겠지. 그러면 반대로, 물건을 팔 때는 어떨까? 물건 가격이 계속 오른다고 생각하면 너는 물건을 팔 수 있겠니? 아마 못 팔 거야. 지금이 가장 비싸다고 생각해서 그 물건을 파는 것일 테니 말이야.

### 모두가 공포에 질렸을 때가 매수의 적기다

아파트 매매도 마찬가지란다. 사는 사람은 아파트 가격이 지금 제일 싸다고 생각하기 때문에, 앞으로 가격이 계속 오를 거라고 생각하고 사는 거야. 그리고 파는 사람은 아파트 가격이 지금 비싸다고 생각하기 때문에, 앞으로 가격이 내려갈 거라고 생각하니까 파는 거야. 이처럼 사는 사람과 파는 사람은 저마다 다른 생각을 하면서 거래에 임하고, 두 사람의 생각이 절묘하게 맞아떨어진 가격이 바로 매매가가 되는 거지.

그런데 사람의 심리는 참 신기한 것 같다. 가격이 막 오를 때는 이 집을 못 사면 큰일이 날 것 같고 더 오를 것만 같아서 비싸도 여기저기 돈을 끌어와서 급하게 사려고 하지. 그런데 가격이 내려가면 오히려 사람들은 심드렁해져. 더 떨어질 것 같거든. 그래서 한참 밑의 가격으로 내려가고 분명 싸다고 생각할 만큼 낮은 가격인데도 사람들은 사려고 하지 않는단다.

부동산 시장이 계속 상승해서 점차 과열된 분위기로 치닫고, 모두가 희망에 가득 차서 한목소리로 상승을 외칠 때면 사람들의 매수 심리가 극에 달한 때라고 생각한다. 반면 아파트값이 어느 순간 하락하기 시작하면 놀랍게도 사람들의 매수 심리는 차갑게 얼어붙고 말지.

매도할 사람들은 처음에는 어떻게든 버티려고 하겠지. 그런데 계속된 하락으로 미래가 보이지 않고 외부 환경(예를 들어 급격한 금리 상승으로 인한 대출 이자 증가, 주변 대단지 아파트들의 입주가 계속되는 경우)이 불리하게 돌아가면 분명 공포에 질릴 때가 온다. 이에 버티지 못한 사람들의 매물이 쏟아져 나오면 그때는 기존에 거래되던 가격보다 한참 낮은 가격으로 아주 간간이 거래된다.

대부분 사람은 이렇게 가격이 하락했을 때 섣불리 시장에 들어가지 못한단다. 왜냐하면 시장을 지배하는 절망적인 분위기에서 가격이 더욱 하락할 것 같기 때문이다. 하지만 부동산을 매수한 후에 가격이 더 하락한다고 해도 예전의 가격보다는 분명 싼 시기인 건 맞다. 특히 외부 요인(과공급, 환율, 금리 등)으로 가격이 하락한 거라면 외부 요인들이 해결됐을 경우 가격은 다시 제자리를 찾아갈 수 있다. 하지만 그럼에도 불구하고 공포를 이겨내고 매수하기는 쉽지 않지.

그렇지만 만일 이런 상황을 맞이한다면 모든 투자의 핵심 원리인 '싸게 사는 것'을 떠올려보거라. 시장에 비관적인 절망이 가득하고, 사람들이 사려고 하지 않을 때가 바로 가격이 가장 쌀 때다. 다들 사려고 하는 상황이라면 당연히 가격이 비싸지 않겠니? 이럴 때 용기를 내 과감히 들어간다면 분명 큰 수익을 낼 수 있다. 공포에 사고 탐욕에 팔라는 말을 기억하길 바란다. 가장 상황이 좋지 않을 때 들어갈 수 있어야 가장 저렴하게 매수할 수 있음을 꼭 기억했으면 좋겠구나.

## 정부의 부동산 대책에 담긴 본질을 파악하라

한편으로 정부의 정책을 주의 깊게 살펴봐야 한다. 보통 정부가 대출을 막거나 아파트 매도 시 높은 양도세를 물리는 등 규제를 강화한다면 사람들은 '정부가 강하게 규제하는구나, 얼른 집을 팔아야겠다'라고 생각할 수 있다. 그러나 이렇게 생각하면 나중에 후회해. 규제 자체가 아닌 그 안에 숨은 본질을 볼 수 있어야 한단다.

정부가 규제를 시작한다는 건 지금 부동산 시장을 어떻게 생각한다는 걸까? 바로 부동산 시장이 과열되고 있고 아파트값이 너무 오르고 있다고 생각하기 때문에 규제를 하는 것이다. 즉 정부가 규제한다는 것은 역으로 지금 부동산 시장이 좋다는 사실을 정부가 인정한다는 셈이지. 게다가 부동산에서 관성은 무섭단다. 한번 가격이 오르기 시작한 분위기는 쉽사리 꺼지지 않아. 자칫 정부의 규제만 보고 초기에 팔아버린다면 후에 이어질 대세 상승의 열매를 놓칠 수도 있어.

또한 정부의 규제가 시기적절하고 올바른 규제인지도 살펴봐야 한다. 예컨대 예전 정부에서 집값을 잡기 위해 내놨던 다주택자 양도소득세 중과는 오히려 집을 가진 다주택자들이 물건을 내놓지 않게 만들어 시장에 매물이 감소했다. 시장에 나오는 매물이 줄어들면 당연히 가격이 오르지 않겠니? 이런 규제는 오히려 집값을 상승시키는 어이없는 정책이었던 것이지. 당시 이 규제가 나왔을 때 양도소득세 중과가 무서워서 집을 팔아버린 사람들은 그 후 집값 상승의 이익분을 모두 놓쳤단다.

실제로 아빠도 그런 일을 겪었다. 지금 생각하면 너무 안타까운 일이었지. 2013년에 5억 3,000만 원에 매수했던 서초동 아파트를 정부 규제에 겁이 나서 2016년 가을 무렵에 9억 원에 팔아버렸단다. 그런데 팔고 난 후 2017년, 2018년까지 대세 상승기가 이어졌고 그 아파트는 현재 22억 5,000만 원에 실거래가 되었다. 얼마나 속이 쓰렸겠니? 정부에서 규제를 시작했다는 것은 주택시장의 상승세를 인정하는 거라는 걸 그때는 미처 알지 못했다. 게다가 당시 수도권 공급 부족으로 대세 상승기가 시작되고 있음에도 나는 규제가 아파트 가격을 하락시킬 수 있다고 봤단다.

　하지만 정부의 규제가 계속, 그것도 점점 더 세지고 있는데 끝까지 버티고 있어야 할까? 나는 이렇게 생각한다. 규제들이 계속 이어지는 상황인데 유동성(대출)과 관련된 규제들이 촘촘하게 잘 설계되어 나오고 있다면 조심해야 하겠지. 실수요를 위해 집을 사든, 투자를 위해 집을 사든 100퍼센트 자기 돈으로 집을 사는 경우는 거의 없다. 대출을 받거나 전세를 안고 집을 사지. 그런데 이 대출을 막아버리면 어떻게 될까? 실수요자든, 투자자든 집을 사기가 어려워진단다.

　예를 하나 들어볼까? 2017년 8월 2일 정부가 부동산 가격 폭등 대책을 내놓았단다. 이른바 '8·2 부동산 대책'으로 다주택자에 대한 대출 규제 내용이 담겨 있었는데, 8·2 대책 이후에도 여전히 집값은 올랐단다. 그리고 나서 2018년 9월 13일 부동산 대책이 나왔는데 이때는 놀랍게도 부동산 시장이 얼어붙기 시작했다. 매수세가

끊기고, 많이 올랐던 재건축 아파트 단지 위주로 하락세가 가팔라졌지. 8·2 부동산 대책과 9·13 부동산 대책 모두 대출에 대한 규제가 있었는데 왜 이런 차이가 생긴 걸까?

나는 이렇게 생각한다. 8·2 부동산 대책에는 대출 규제가 있었지만 임대사업자 대출이 여전히 남아 있었다. 그래서 다른 대출은 막혔어도 집을 사면서 임대사업자를 내면 임대사업자 대출을 받을 수 있었지. 그래서 8·2 부동산 대책이 큰 효과를 보지 못했던 것이다. 그런데 9·13 부동산 대책에서는 임대사업자 대출도 건드렸단다. 전방위적으로 대출을 규제한 거지. 그래서 유동성 측면에서 큰 효과를 봤던 것이다. 집을 사려는 사람들의 돈줄을 막아버렸거든. 놀랍게도 실거래량이 뚝 떨어졌고 아파트값도 매수자가 없으니 조금씩 떨어졌단다.

다만 당시에는 전세자금 대출이 여전히 남아 있었기 때문에 시장에 들어오는 유동성을 다 막은 것은 아니었다. 사람들이 전세자금 대출을 받아 높은 전세가를 수용한다면 그 또한 시장의 유동성을 늘리는 것이지 않겠니.

그리고 대출과 관련된 유동성은 금리와 밀접한 관계가 있다고 볼 수 있다. 예를 들어 2022년 하반기에 미국이 높은 물가상승률을 잡기 위해 계속 '빅 스텝'으로 금리를 올리는 과정에서 우리나라 역시 대출 금리가 크게 올라갔다. 아빠가 빌린 신용대출의 경우 예전에 2퍼센트 중반의 금리로 빌렸는데, 지금은 6퍼센트대의 금리로 이자를 내고 있단다. 이자 부담이 거의 두 배 넘게 늘어난 거지.

이런 상황에서는 전세자금대출이나 주택담보대출을 많이 받기가 쉽지 않다. 그러면 부동산 시장에 들어오는 유동성도 축소되지. 금리의 상승은 유동성 면에 악영향을 끼치는 만큼 주의 깊게 잘 살펴봐야 한단다(특히 미국 연준의 입을 잘 살펴야 한다).

또 정부 대책 중에 효과적인 공급 계획이 나온다면 어떻게 될까? 예를 들면 서울 주요 핵심지의 유휴지(놀고 있는 땅)에 아파트를 지어 공급한다든지, 서울 주변의 핵심 입지에 신도시를 건설한다든지 말이야. '수요와 공급'에서 공급이 많아지면 가격이 내려가는 것은 알고 있지? 다만 금방은 입주가 힘들 거야. 해당 지역에 토지 보상도 해야 하고 원주민이나 근처 주민들의 반대도 이겨내고 이런저런 설계 계획, 학교 용지 등의 여러 문제도 남아 있거든. 그러니 잘 지켜보고 있다가 입주 공급 물량이 현실화되었을 때 잘 빠져나와야겠지.

게다가 핵심지에 영향을 줄 수 있는 공급인지, 아니면 별로 영향을 주지 않는 먼 외곽에 공급되는 것인지도 잘 살펴봐야 한다. 내가 소유한 아파트가 있는 지역에 별로 영향을 주지 못하는데도, 단순히 아파트 공급 물량이 늘어난다고 해서 괜찮은 입지에 있던 좋은 아파트를 굳이 팔아버리는 것처럼 과도하게 대처할 필요는 없으니 말이야.

그러니 정부 대책을 이리저리 꼼꼼하게 잘 보고 있다가 정말로 수요자들의 돈줄을 막는 대책이 나오거나, 내가 가진 아파트 지역에 영향을 주는 효과적인 공급 대책이 나온다면 그때는 매도 시점을 신중하게 고민하고 잘 판단해야 한단다.

그리고 매수 시점은 위에 말한 것과 정반대로 생각하면 된단다. 정부에서 만약 여러 규제들을 푼다고 생각해보렴. 그건 부동산이 지금 침체기라는 것을 정부도 인정하고 있다는 뜻이거든. 침체기에는 당연히 아파트 가격이 계속 하락하고, 미래를 부정적으로 보는 비관적 전망으로 가득 차 있다.

실제로 2013~2014년 무렵 정부에서는 미분양 아파트를 사면 양도소득세를 면제해주기도 하고 대출 규제도 확 푸는 등 집을 사기 좋은 환경을 만들어주었단다. 이때 집을 샀으면 나중에 상승기가 왔을 때 큰 이익을 거둘 수 있었지.

하지만 규제를 풀었다고 해서 바로 다음 날부터 집값이 오르는 건 아니야. 앞서 내가 '집값에는 관성이 있다'라고 말했었지? 한번 하락 분위기를 타면 아무리 규제를 풀어도 하락의 관성이 계속 이어진단다. 실제로 부동산 규제 완화 정책은 2012년 이명박 정부 때부터 계속 시행되었던 것이고, 2014~2015년을 기점으로 아파트값이 바닥을 다지고 상승하기 시작했던 거야.

그러면 언제 다시 상승이 시작되는 것을 알 수 있을까? 이때는 미분양 아파트와 아파트 거래량을 꼭 살펴봐야 한다. 미분양 아파트(특히 준공 후 미분양) 수가 줄어들고 아파트 거래량이 늘어나기 시작한다면 바닥을 다진 아파트들이 하나씩 팔려나가는 걸로 봐도 된다. 또한 오랜 하락장으로 매매 가격은 하락했지만 공급 부족으로 전세 가격이 오르기 시작하면서 전세가율이 오르는데, 그때 아파트 매매 시장에 들어간다면 괜찮을 것이다.

아들아, 부동산이라는 게 쉽지 않지? 부동산은 영원한 침체기도 없고 영원한 활황기도 없단다. 다만 그때그때 밀려오는 파도에 몸을 맡기고 현명하게 앞으로 나아가야 한다는 걸 명심하길 바란다.

## 부동산 투자에서 반드시 주목해야 할 것들

부동산 투자를 할 때 투자할 지역의 부동산 가격이 예전보다 좀 떨어졌다거나, 단순히 그 지역이 살기 좋아 보인다거나 하는 이유로 투자하는 사람들이 있단다. 하지만 그렇게 단순한 이유나 직감을 믿고 투자한다면 절대로 성공하기 어렵다. 현명한 투자자라면 반드시 논리적이고 합리적인 투자 근거를 바탕으로 투자해야 한다.

그렇다면 어떤 이유가 투자를 할 수 있는 합리적인 근거라고 할 수 있을까? 여기서는 투자할 때 특히 주목해야 할 6가지 요소와 상황을 한번 살펴보자.

## 교통 호재: 지하철 개통·연장에 주목하라

일단 교통 호재는 부동산 가격 상승에 큰 역할을 한다. 물론 모든 교통 호재가 다 좋은 것은 아니란다. 내가 생각하는 괜찮은 교통 호재는 다음과 같다.

첫째, 핵심 업무지구와의 접근성이 강화되는 경우다. 예를 들어 현재 착공에 들어가 공사 중인 신안산선을 보자. 일자리가 많은 핵심 업무지구인 여의도, 가산, 광명 등을 지난다. 당연히 신안산선 역세권 부동산들은 핵심 업무지구와의 접근성이 강화되며 가격이 오를 것이다. 특히 그전에는 멀었는데 새로이 지하철이 건설되어 통근 시간이 크게 줄어들면 줄어든 시간에 비례해 가격도 올라간다고 보면 된다.

예컨대 용인 수지 같은 경우 원래 분당선이 있는 죽전 쪽이 수지구의 중심 지역이었다. 동천동이나 풍덕천동은 지하철을 타려면 분당선이 있는 죽전이나 분당까지 버스를 타고 나갔어야 했는데, 신분당선이 새로 개통되면서 서울 강남까지의 접근 시간이 획기적으로 개선되었지. 그 결과 신분당선 역 근처 아파트들이 기존 중심지였던 죽전 지역보다 가격이 더 크게 상승했다. 일자리가 많은 핵심 업무지구와의 접근성이 얼마나 중요한지 보여주는 좋은 예라고 할 수 있어.

둘째, 서울로 가는 지하철이 없다가 새로 생기는 경우도 괜찮은 교통 호재라고 보면 된다. 이런 경우는 보통 '연장'이라는 말이 붙는데, 현재 7호선 연장, 8호선 연장, 5호선 연장 등의 교통 호재들이 착공에 들어가 공사 중이다. 5호선 같은 경우 미사까지 연장되고, 7호선은 의정부를 넘어 연장된다. 이처럼 그전에는 서울에 가기 위해 버스나 자동차를 이용하다가 나중에 새로 뚫리는 지하철을 이용해 갈 수 있게 되면 역세권에 있는 부동산의 가격 상승이 일어난다.

게다가 이렇게 연장되면 보통 새로 생기는 택지지구와 연결되는데, 택지지구의 쾌적함과 신축의 힘은 지하철 역세권일 때 배가된다. 지하철이 없으면 택지지구는 살기는 좋지만 서울과의 접근성이 나빠 고립된 섬같이 된다. 이런 단점을 새로 뚫리는 지하철이 해소해준다면 그때는 큰 폭의 가격 상승이 뒤따르는 것이다.

셋째, 출퇴근 시간을 대폭 줄일 수 있는 수도권 광역급행철도 GTX 역세권은 교통 호재의 최고봉이라 할 수 있다. 우리나라에 처음 도입되는 것이라서 아직 그 효과가 나타나진 않았지만, GTX가 완공된다면 주변 역세권 아파트에 큰 영향을 미칠 게 분명하다.

그 이유는 GTX는 지하철과 달리 속도가 어마어마해서 핵심 업무지구까지 출근 시간이 크게 단축되기 때문이야. 특히 서울과 물리적 거리가 멀었던 동탄이나 운정 같은 경우 GTX-A가 착공에 들어가자 역세권 신축들의 가격이 기존 가격 대비 큰 폭으로 올랐다 (2022년 하반기에 동탄과 운정은 그동안 지나치게 오른 가격 대비 큰 폭으로 가격 조정을 받았고, 2023년 상반기를 지나면서 어느 정도 가격을 회복할 수 있었다. 이렇게 회복할 수 있었던 데는 GTX의 영향이 있었다고 본다). 다만 이미 착공에 들어간 A 노선도 이런저런 장애물들로 완공까지는 시간이 다소 걸릴 것 같구나. 아직 진행 중인 C 노선과 B 노선은 본격적인 착공에 들어가기까지 시간이 오래 걸릴 수 있어 이런 점은 주의해야 한다.

넷째, 착공까지 거의 진행된 교통 호재를 눈여겨봐야 한다. 지금도 수없이 많은 교통 호재가 뉴스에 등장하고 사람들의 입에 오르내리고 있다. 더군다나 선거에서 표를 얻고자 하는 국회의원들의 교통 공약들을 모두 실현하려면 아마도 몇십조 원이 필요할 것이다. 이런 걸 순진하게 믿고 해당 지역에 투자한다면 크게 손해 볼 수 있어.

수없이 많은 교통 호재가 등장했다가 사라졌다. 10년이 넘은 지금까지도 진행 중인 것들도 많다. 신안산선이 지금은 착공됐다고 하지만 중간에도 사업이 몇 번이나 무산될 뻔한 위기를 겪었다. 심지어 이 노선은 10년 전부터 추진되었던 것이란다.

다만 교통 호재는 착공이 시작되면 가격이 이미 꽤 상승했기 때문에 착공된 후 투자하면 리스크는 거의 없겠지만 얻을 수 있는 수익이 크게 줄어든다. 그래서 내 생각에는 최소한 예비타당성 조사 및 기본 계획 등을 통과한 뒤 실시설계 정도의 단계라든지, 아니면 착공하기 전 지질 검사 등을 해서 착공에 거의 다다랐을 무렵에 투자하는 것이 가장 좋다고 본다. 이 정도까지 왔으면 그래도 어느 정도 투자 리스크를 줄이면서 이익을 얻을 수 있을 것이다.

사실 교통 호재는 지가(땅값)를 올려준다고 보면 쉽다. 지하철이 개통되거나 연장되어 역세권이 되면 그 주변의 땅값이 오르고, 당연히 대지지분(땅)을 가진 아파트 역시 가격이 오르는 거지. 게다가 교통이 좋아지면 사람들이 모이고 상권이 형성된다. 즉 지하철역 주변에 이런저런 인프라들이 만들어지는데, 이 역시 지가를 올리는 요인들이란다.

## 신도시 택지지구: 서울과의 접근성을 따져라

신도시 택지지구에 가면 대체로 세 번 놀란다고 한다. 첫째로 동네가 너무 깨끗해서 놀라고, 둘째로 아파트들의 상태가 최신이라 놀란다. 마지막으로 젊은 사람들이 많아서 놀란다. 계획도시는 이와 같은 장점이 있어서 젊은 사람들을 더욱 끌어모으고 활기가 넘치는 곳이 된단다.

그런데 신도시 택지지구를 지정하고 완성되는 과정을 한번 생각해보자. 처음에는 허허벌판이었다가 점차 공사판으로 변해서 모래먼지가 정신없이 휘날릴 것이다. 이런 모습을 보면 보통 투자하고 싶은 생각이 사라지기 마련이지. 대다수 사람들은 이때 투자할 생각을 하지 않는다. 그래서 초반에는 가격이 싸다. 분양권에 프리미엄은커녕 미분양이나 마이너스 피도 수두룩하다.

그러나 점차 아파트들이 완공되고 길이 닦이고 인프라가 조금씩 생겨나면 달라진다. 우리가 지금 보고 있는 택지지구의 깔끔함이 눈에 들어온다. 게다가 아파트들이 죄다 새것이다. 점차 사람들이 모이고, 시간이 지나면 살기 좋은 신도시 택지지구가 완성되지. 이 때쯤이면 가격이 이미 두 배 이상 뛰어 있다.

처음 개발되기 전의 땅은 사실상 가치가 거의 없다. 그러나 개발된 후의 땅은 개발 가치를 갖게 되고 사람들이 모이면서 인프라가 형성되어 땅의 가치가 개발 전보다 훨씬 올라라는 거지. 게다가 아파트도 최신 트렌드를 반영한 신축이다 보니 값이 안 오를 수가 없다. 이런 가격 상승의 단물을 맛보려면 아직 모두가 주목하지 않을 때 재빨리 들어가야 한단다.

물론 주의해야 할 점은 있어. 교통망이 갖춰졌거나 갖춰질 계획이 있고 서울 핵심지와 가까우며, 발전 가능성이 있는 신도시 택지지구여야 한다는 것이다. 서울 핵심지와 거리가 멀고 교통망도 부족한 택지지구는 비록 가격이 상승한다고 해도 그렇지 않은 신도시 택지지구와 가격 상승 면에서 큰 차이가 난다. 신도시 택지지구의 승패는 서울 핵심지와의 물리적 거리와 교통망에 달렸다고 해도 과언이 아닐 정도다.

예를 들어 파주 운정 신도시는 서울과 거리가 너무 멀기 때문에 처음에는 미분양이 속출했다. 여기에 택지지구 특성상 공급이 계속 이뤄지면서 아파트 가격이 맥을 못 췄다. 핵심 교통망도 없었다. 그래서 처음에는 대다수 사람이 운정신도시의 실패를 점쳤지. 그러나 운정에 GTX-A가 들어오는 것으로 확정되고, 착공에 들어가면서 GTX 역 근처 아파트들의 가격이 어마어마하게 상승했다. 분양권의 경우 프리미엄만 2억 원이 넘게 붙었지. 그러니 서울 핵심지로 가는 교통망을 갖춘 택지지구에 주목하거라.

다만 서울 핵심지와의 거리가 멀고 교통망이 부족해도 자체적인 기능(양질의 일자리, 즉 좋은 기업)을 갖췄다면 좋은 신도시 투자처가 될 수 있단다. 송도 신도시를 예로 들 수 있는데 현재 송도 신도시는 강남이나 삼성까지의 교통이 매우 열악하다. 그나마 송도에서 출발하는 GTX-B가 서울 용산을 관통하는데, 아직 착공까지는 요원한 상태지.

그런데 송도에는 삼성 바이오로직스, 셀트리온 등 국내의 굵직한 바이오 기업들이 자리 잡고 있다. 게다가 국제학교며 병원, 센트럴파크 등 좋은 인프라도 갖추고 있어 굳이 서울과의 접근성 여부를 따지지 않아도 그 자체로 가치가 있어. 이런 경우에는 당연히 투자해도 괜찮다.

지금 눈앞의 허허벌판과 공사판을 보지 말고 미래에 펼쳐질 신도시의 쾌적함, 활기찬 모습을 상상하며 투자하길 바란다.

## 신축: 5년 차 이내 신축을 선택하라

아들아, 입지와 신축, 이 2가지 중에 너라면 무엇을 선택하겠니? 정말이지 최대의 고민일 것이다. 아빠라면 5년 차 이내의 신축과 입지 중에서 하나를 고르라고 할 때 입지가 심하게 떨어지는 경우가 아니면 최대한 신축을 고르겠다. 만약 구축으로 진입하는 준신축이라면 그때는 입지를 선택하겠다.

5년 차 이내의 신축이 어느 정도 떨어지는 입지 차이를 극복할 만큼 요새 흐름은 신축이다. 특히 요즘 젊은 사람들에겐 편함과 쾌적함 그리고 트렌드가 무엇보다 중요한데 신축은 이들의 니즈 (needs)를 만족시킬 수 있지. 신축에 안 살아본 사람은 있어도 한번 신축에 살아본 사람이 다시 구축에 가는 건 쉽지 않다.

당장 나만 해도 신혼 때 살았던 정자동 느티마을 공무원 아파트는 너무 오래되고 녹물이 나왔기 때문에 지금 다시 가서 살라고 하면 도저히 갈 엄두가 나지 않는구나. 실거주하면서 투자 목적으로 버틴다고 해도 막상 가서 살아야 한다면 정말이지 고민할 것 같다. 지금 우리가 사는 동천동 아파트는 2007년식으로 이제 구축이 되어가고 있지만 느티마을 아파트보단 거주 만족도가 훨씬 높다. 우리가 이럴 정도면 신축에 살아본 사람들은 구축에 다시 가기 힘들 것이다.

예를 하나 들어볼까? 서울 모 지역의 A 아파트는 2006년에 지어진 것으로 2022년 기준 16년이 지났다. 그 옆의 B 아파트는 2018년에 지어진 것으로 4년이 지났다. 입지로 따지면 A 아파트가 훨씬 더 낫다. 학교도 가깝고 더 역세권이다. 그런데 가격을 보면 B 아파트는 15억 원 이상이고 A 아파트는 10억 원이다. 무려 70퍼센트를 오가는 수준으로 가격이 형성된 것이다.

나도 B 아파트에 임장(지역 조사)을 가봤는데, 지상에 차가 다닐 수 없고 조경이 잘 되어 있었으며 멋진 커뮤니티 센터가 있었다. 아파트의 상태 역시 훨씬 좋았다. 이런 경우라면 입지보다 신축에 더 주목하는 것이 좋다.

그런데 이런 상황이 계속 지속될까? 나는 시간이 지날수록 A 아파트와 B 아파트의 가격 차이가 줄어들 것이라고 본다. 시간이 지나 B 아파트도 구축이 되어가면 그때는 신축의 메리트가 빠지고 입지의 가치가 더 중요해지기 때문이다. 그래서 5년 이내 신축이라면 신축을 선택하되 10년이 넘은 구축이라면 입지를 선택하라고 한 것이다.

어쨌든 신축의 힘은 대단하긴 하다. 만일 신축이 구축들 사이에 있다면 그 희소성은 배가 된다. 부동산에서 희소성은 대단히 중요한데 예를 하나 들어보마. 만약 신축들이 계속 공급되는 곳이 있다고 생각해보자. 신축이 계속 공급된다면 신축의 희소성이 떨어질 것이다. 그러면 신축의 가치를 제대로 인정받지 못하겠지. 그러다 공급이 끝나면 이제는 신축의 희소성이 두드러진다. 그 순간 신축의 가격이 크게 상승한다.

그래서 어떤 지역에 신축이 계속 공급되어 신축의 가격이 제대로 인정받지 못하고 있다면 미래에 신축의 공급이 끝나는 시점을 확인하고 그때 재빨리 진입해야 한다. 나중에 신축의 가치를 사람들에게 제대로 인정받을 때 매도해야 하는 것이다.

## 일자리가 생기는 곳: 신규 수요의 흐름을 따라가라

일자리가 생기는 곳을 주목하라는 이유는 새로 생기는 일자리가 바로 그 지역의 새로운 수요이기 때문이야. 한마디로 대기업 본사와 같은 양질의 일자리가 새로 생기고 그곳까지 쉽게 출퇴근할 수 있는 곳이라면 당연히 수요가 증가하겠지. 그러면 그 지역 부동산 가격도 상승한다.

몇 가지 예를 들어 설명하면 강서 마곡지구의 경우 원래는 허허벌판인 곳이었다. 당연히 주변 아파트 가격 역시 고만고만한 상태였는데, 마곡지구가 개발되면서 LG, 코오롱 등 여러 대기업이 들어왔다. 그러면서 아파트들이 대규모로 분양되고 신축의 힘에 더해 탄탄한 일자리 수요를 바탕으로 아파트값이 고공 상승하기 시작했지. 일자리가 끌어오는 수요의 힘과 직주근접의 힘을 확인할 수 있는 좋은 사례라 할 수 있다.

이뿐만이 아니다. 내가 현재 눈여겨보고 있는 판교는 판교 제1

테크노밸리의 성공을 시작으로 제2, 제3 테크노밸리가 계속 지어지고 있다. 거기에 판교와 분당에는 한국타이어 R&D 센터, 두산타워, 네이버 제2 사옥, 현대중공업 R&D 센터 등 높은 연봉을 받는 양질의 일자리가 계속 들어올 예정이다.

이처럼 양질의 일자리가 증가하는 곳은 출퇴근하기 편하며 교육 환경이 좋고 살기 괜찮은 아파트에 대한 수요가 늘어난다. 이는 아파트 가격을 상승시키고 하락 시에도 탄탄한 하방지지선이 되어준다. 괜히 직주근접이라는 말이 나온 게 아니란다. 누구라도 직장과 멀리 떨어져서 살고 싶지는 않을 거야. 다만 여건이 안 되니 먼 길을 다니는 것이다. 그러니 양질의 일자리가 있는, 출퇴근 30분 이내의 괜찮은 주거지역은 확실한 배후수요를 가졌다고 봐도 무방하다. 일자리 파악이야말로 부동산 투자에서 반드시 알고 있어야 할 필수 지식이란다.

이런 일자리들은 해당 지역을 먹여 살린다고 해도 과언이 아니다. 투자하는 사람이라면 다 알고 있을 강남, 여의도, 종로의 3대 핵심 일자리와 여기에 더해 4차 산업혁명의 선봉에 서 있는 판교, LG 그룹을 비롯해 여러 대기업이 모여 있는 마곡, 방송업체들이 모여 있는 DMC, 삼성전자가 있는 수원 영통, 이제 곧 하이닉스가 들어올 용인, 바이오산업이 들어와 있는 송도, 지식정보타운이 들어서는 정부청사의 도시 과천 등 모두 굵직굵직한 일자리를 배후에 두고 있는 양질의 주거지역이다. 이런 주거지역에 투자해야 부동산 가격 상승의 과실을 누릴 수 있다. 게다가 이미 있던 일자리에 더해 새로이 일자리가 생겨나는 곳이라면 금상첨화다.

또 이런 핵심 일자리 지역은 근접 지역으로도 수요가 퍼져나간단다. 수원 삼성전자에서 고액연봉을 받는 직장인들은 직장 근처인 수원 영통에만 사는 게 아니라 출퇴근하기 편하면서 아파트가 신축이고 학군도 괜찮은 곳을 찾아 이동한다. 삼성전자 직원들이 많이 살고 있다는 광교나 동탄 같은 경우는 수원 삼성전자라는 양질의 일자리가 이 지역의 가격 상승에 중요한 역할을 하고 있다고 해도 과언이 아니다.

최근에는 삼성전자 직원들이 기흥역 주변의 신축에도 많이 이동해서 기흥역 근처 새 아파트들의 가격 상승에도 어느 정도 기여했다고 볼 수 있다(물론 GTX-A의 호재도 있다).

판교 역시 직장인들이 판교뿐만 아니라 주변 성남, 분당을 거쳐 경기도 광주 그리고 학군 좋고 가성비 좋은 수지로도 많이들 이동했다. 그래서 아침에 수지 신분당선을 타면 많은 직장인이 성복, 수지구청, 동천에서 탔다가 판교역에서 내리는 것을 볼 수 있지. 이는 근접 지역으로 수요가 퍼져나갔음을 보여주는 것이다.

요약하면 핵심 일자리들이 있는 곳을 파악하고 그 주변의 고급 주거지가 혹시 하락장에 조정을 받았다면 곧바로 매수하면 된다. 만약 상승장이 이미 꽤 진행되어 해당 지역이 많이 오른 경우라면 수요가 퍼져나갈 만한 주변 지역의 핵심 주거지들을 매수하면 가격 상승의 혜택을 누릴 것이다. 투자는 언제라도 늦은 법이 없다. 그때그때의 상황에 맞게 대응하면 된단다.

## 학군과 학원: 명문 학군과 좋은 학원가 주변의 아파트

보통 아이를 낳기 시작하는 30대부터 아이들을 학교에 보내기 시작하는 40~50대까지, 직장인들은 직주근접도 중요하지만 아이들의 학교나 학원 등에 대해서도 고민하기 시작한다. 특히 아이를 키우는 집에서 거주할 집을 고를 때는 대개 엄마들의 입김이 세게 작용하지. 엄마들이 가장 관심을 두는 부분은 바로 자녀들이 가는 학교가 어느 정도 명문 학군인지, 학원가는 어디에 형성되어 있는지, 어떻게 보낼 수 있는지 등이다.

먼저 초등학교부터 생각해보자. 도로를 건너지 않고 초등학교에 등교할 수 있는 아파트들은 프리미엄이 형성되어 있다. 또 많은 학부모가 혁신학교보다는 일반 학교를 더 선호하는 경향이 있는데, 혁신학교는 학생들에게 힘들게 공부를 시키기보다는 다양한 체험 활동을 더 중시한다는 인식 때문에 학부모들이 꺼리는 듯하다.

중학교는 학부모가 가장 중요하게 고려하는 조건이다. 중학교는 근거리 배정 원칙이다 보니 어떤 중학교에 배정되느냐가 그곳 아파트 가격을 결정하기도 한다. 예를 들어 도로 하나를 사이에 두고 있는 아파트라도 A 아파트는 명문 중학교에 배정되는데 B 아파트는 평범한 중학교에 배정받는다면, 거리는 지척이어도 A 아파트와 B 아파트의 가격 차이는 계속 벌어진다. 그 정도로 학군이 갖는 힘은 어마어마하다.

또한 자녀들이 고등학교에 올라가면서는 사춘기가 오기 때문에, 대다수 학부모는 자녀가 비슷한 환경에서 자란 학생들과 어울리기를 바란다. 즉 같은 초등학교, 중학교를 거치면서 서로 알고 있는 아이들끼리 같은 고등학교에 가기를 바라다 보니, 어느 순간 일정한 초중고를 가는 루트가 형성되고 그 루트를 따라갈 수 있는 아파트들이 인기를 얻는다. 이른바 명문 학군 아파트들이 되는 거지. 이런 학군은 쉽게 형성되는 게 아니기에 어마어마한 프리미엄이 붙는단다. 어떤 하락장이 와도 이런 곳은 전세 수요를 구하기 쉽고 이 전셋값이 탄탄한 하방지지선이 된다.

이런 명문 학군 옆에는 보통 양질의 학원가가 형성되어 있다. 강남의 유명한 학교들에 가보면 하교 시간에 유명 학원 버스들이 몰려와서 입구에서 대기하고 있는 진풍경을 볼 수 있지. 수도권에서 유명한 학군지와 학원가로는 서울에서는 강남 대치동, 목동, 노원의 은행사거리 등이 있고, 서울 외의 지역에서는 평촌, 분당, 일산, 수지 학군과 수원 영통 정도라고 하는구나. 이런 지역에 투자한다면 대한민국 맹모들의 힘으로 가치가 올라가는 아파트들을 두 눈으로 볼 수 있을 거야.

## 재건축 가능성: 입지가 좋은 낡은 아파트

아들아, 예전에 우리가 산책하곤 했던 하천 쪽에 있던 다리를 기억하니? 너무나 낡고 여기저기 금이 가서 건너면서도 무서워서 조심조심 건너가곤 했지. 그 위쪽으로 올라가면 다리가 하나 더 있었는데, 이 다리는 나중에 지어져서 아래쪽 다리보다 훨씬 튼튼하고 안전했다. 그래서 우리는 산책하다가 건너편으로 건너갈 때 정말 급한 경우가 아니면 보통 안전한 위쪽 다리를 이용했고 부득이한 경우에만 아래쪽 위험하고 낡은 다리를 이용했지.

이걸 부동산 용어로 말하면 아래쪽 다리는 좀 더 '입지가 좋아서' 멀리 가지 않고도 빨리 건너편으로 건너갈 수 있지만 상태는 많이 안 좋고 위험했다고 할 수 있지. 반면에 위쪽 다리는 아래쪽 다리보다 '입지가 별로여서' 조금 더 멀리 이동해서 건너편으로 건너가야 했지만 상태는 비교적 나중에 지어져서 안전하고 튼튼했다.

사람들에게 이 두 다리 중에서 건너갈 다리 하나를 고르라고 하면 아마 많은 사람이 위쪽 다리를 선택하지 않을까 싶다. 아래쪽 다리는 비록 빨리 이동할 수 있지만 건널 때마다 나는 삐거덕 소리와 금이 간 모습들 때문에 건너면서도 많이 무섭기 때문이다.

그런데 이 아래쪽 다리가 너무 상태가 안 좋다 보니 결국 수리 공사에 들어갔다. 다리는 몇 달간의 공사를 거쳐 새롭게 우리 앞에 모습을 드러냈지. 너도 잘 알겠지만, 우리가 밤마다 산책하며 그 다리를 건널 때 감탄한 게 있었다. 바로 다리 난간 밑에 LED 등을 넣어 다리를 건널 때 길을 환히 밝혀주어 더욱 안전하게 건널 수 있게 한 것이다. 게다가 새로 공사하면서 이것저것이 보완되어 훨씬 튼튼하고 예쁜 다리가 되었다. 그래서 이제 사람들은 아무도 위쪽 다리로 가지 않았고, 아래쪽 다리로 건너 건너편으로 갔지.

부동산도 마찬가지로, 어설픈 입지에 있는 준신축보다 입지 좋은 곳에 있는 낡고 오래된 아파트가 훨씬 더 낫다고 할 수 있다. 낡고 오래된 아파트들은 재건축을 통해 새 아파트로 변신할 수 있거든. 최신 공법으로 더 멋지고 화려하게 지어지고 온갖 커뮤니티 시설들이 들어와 모두가 살고 싶은 아파트가 되어버린다. 거기에 입지까지 좋으니 금상첨화가 아닐 수 없지. 그래서 '입지는 불변이고 신축은 잠깐'이라는 말이 나오는 것이다.

조심해야 할 점은 단지 오래되었다고 모든 아파트가 다 재건축되는 것은 아니라는 점이다. 재건축도 결국 하나의 사업이라는 것을 명심해라. 기존 땅(아파트 대지지분)을 소유한 조합원들이 자신의 땅 위에 새 아파트를 지어 올려서, 자신들의 집 말고 새로 늘어나는 집을 다른 사람들에게 팔 수 있어야 하는 사업이다(다른 사람들에게 파는 것을 분양이라고 한다). 당연히 재건축에서 가장 중요한 것은 사업성이다. 사업성이 크려면 사람들에게 많이 팔 수 있거나, 비싸게 팔 수 있으면 된다. 입지가 정말 좋은 경우는 조합원들이 분담금을 많이 내고 일대일 재건축을 하기도 한다.

우선 많이 팔 수 있으려면 기존 조합원들이 대지지분을 많이 갖고 있어야 한다. 그래야 자신의 집을 짓고 남는 대지지분에 다른 사람의 아파트를 지어줄 수 있기 때문이지. 그래서 대지지분이 많은 5층 아파트가 재건축하기 쉽다는 말이 여기서 나온 것이다. 이 경우 새로 재건축하면 기존 세대 대비 새 아파트 세대 수가 많이 늘어난다. 세대수가 늘어날수록 다른 사람들에게 많이 팔 수 있다는 말이니 사업성도 늘어난다. 재건축의 사업성을 판단할 때 세대수가 얼마나 늘어나는지로 간단히 파악할 수도 있다.

다만 입지가 매우 좋지 않거나 어디 먼 시골 외곽 지역에 있는 경우는 아무리 대지지분이 많다고 해도 그 아파트를 사줄 수요가 거의 없기에 이런 경우는 재건축 자체가 어려울 수 있다. 즉 분양해도 팔리지 않고 미분양에 그칠 가능성이 크다는 말이다.

다음으로 비싸게 팔 수 있으려면 재건축 가능 아파트가 핵심지에 있으면 된다. 이 경우 세대수가 많이 늘어나지 않아도 비싸게 팔 수 있어 충분히 사업성이 있다. 예를 들어 만약 중소 도시에 있는 어떤 아파트가 재건축되면서 기존 1,000세대가 새롭게 2,000세대로 늘어났다고 할 경우, 한 세대당 간단하게 2억 원에 분양했다고 해보자. 분양가 2억 원에 1,000세대가 늘어나니 총 2,000억 원의 수익을 냈다. 그런데 1,000세대가 1,200세대로밖에 늘어나지 않는 서울 강남의 재건축은 만약 한 세대당 15억 원에 분양했다고 했을 때 15억 원 곱하기 200세대면 수익은 3,000억 원이 된다. 늘어나는 세대수는 적지만 수익 면에서는 강남의 재건축 사업성이 훨씬 더 좋은 거지. 그래서 강남 핵심지의 아파트들은 세대당 대지지분이 적더라도 일반 분양하는 아파트를 다른 사람들에게 비싸게 팔 수 있어서 재건축 사업이 가능하단다.

만약 강남 핵심지에 있으면서 대지지분도 크다면 어떨까? 바로 반포 주공 1단지가 그런 좋은 예다. 그래서 반포 주공 1단지의 가격은 몇십억 원을 호가한다.

사람들은 지금 당장의 아파트 상태만 보고, 입지가 좋지 않은 곳의 준신축을 입지가 좋지만 오래되고 낡은 아파트보다 더 좋아한다. 물론 더 좋은 아파트에서 살고 싶은 것은 사람의 당연한 본성이다. 그러나 우리는 투자해서 돈을 벌고 경제적 자유를 누리고픈 사람들이니 달라야 한다. 시간이 지날수록 비핵심지의 준신축과 핵심지의 재건축 가능한 낡은 아파트의 가격 차이는 더욱 크게 벌어질 것이다. 지금만 보지 말고 미래에 더 좋아질 수 있는 가능성을 네가 볼 수 있었으면 좋겠구나.

## 어떤 아파트에 투자해야 할까?

어떤 지역에 투자하기로 결심하고 투자하기 좋은 타이밍까지 정했다면 이제 그 지역에서 어떤 아파트에 투자하는 것이 좋을지 고민이 되겠지? 그럴 때 아빠의 경험을 토대로 네가 참고할 수 있는 내용을 담아보았다.

### 교통 호재와 직주근접 지역의 아파트

아빠는 우선 교통 호재가 있는 곳을 찾는단다. 아파트에 투자하는 건 결국 땅에 투자하는 것과 같다고 앞서 말했었지. 교통이 좋아지면 그 주변 땅들의 가치는 올라간다. 즉 땅 위에 지어진 아파트의 가격도 올라가는 것이다.

중요하게 보는 교통 호재는 새로운 지하철이 뚫리는 것이다. 새로운 버스 노선 신설 등은 아무래도 그 효과가 미미해서 지하철 위주로 살펴보는 게 좋다. 앞서도 얘기했지만 지하철은 버스와 비교할 수 없다. 무엇보다 가장 큰 장점은 정해진 시간에 오고 정해진 시간에 도착한다는 점이다. 버스처럼 러시아워에 걸려 차가 막힐 위험이 없다. 그래서 출퇴근하는 직장인들은 역세권의 아파트를 더 선호한다.

그다음에는 교통 호재가 있는 지역의 대장 아파트들을 살펴보면서 주변의 일자리들을 파악한다. 만약 지하철이 새로 뚫릴 예정이라면 그 지하철을 타고 갈 수 있는 핵심 일자리들을 알아보고, 그 일자리까지의 거리가 어느 정도일지 파악한다. 만약 30분 이내라면 그 지역은 핵심 일자리의 배후 주거지가 될 가능성이 크다. 그러나 한 시간 넘게 걸린다면 직주근접 효과가 없어 핵심 일자리의 배후 주거지가 되기 어렵다. 만약 주변 일자리들도 어느 정도 있고 지하철이 새로 뚫려서 핵심 일자리와의 직주근접이 획기적으로 개선된다면 그야말로 금상첨화다. 이런 곳은 반드시 오르니 가격이 아직 크게 오르지 않았을 때 미리미리 들어가도록 해라.

특히 지하철이 새로 뚫리는 곳은 구체적인 계획 단계, 착공 단계, 완공 단계까지 세 번 오른다고들 한다. 아빠가 겪어보니 지하철이 완공되어 사람들이 타고 다니기 시작하면서 실제로 그 편리함을 느낄 때 가격이 가장 크게 오르는 것 같더라.

## 학군과 학원가가 형성된 아파트

직주근접과 교통 호재를 살펴봤다면 이제 주변의 수없이 많은 아파트 단지 중에서 핵심 학군지를 찾아라. 어떤 지역이든 사람들이 유독 선호하는 아파트가 있다. 왜 그 아파트는 사람들이 선호하는 걸까? 대체로 도로를 거치지 않고 갈 수 있는 학군과 학원가와의 접근성 때문이다.

학군지를 찾을 때는 '아파트 실거래가'란 앱에서 중학교 학업성취도를 정리해놓은 표가 있는데, 그 표를 보고 그 지역에서 가장 성취도가 높은 중학교 학군을 찾아보면 된다.

중학교는 고등학교와 달리 근거리 원칙이기 때문에 명문 중학교를 갈 수 있는 아파트와 갈 수 없는 아파트는 가격 차이가 상당하다. 거기에 도로를 건너지 않고 아이를 초등학교에 보낼 수 있는 초품아라면 가격에 프리미엄이 붙는다. 학부모 입장에서는 가격이 조금 더 비싸더라도 그런 아파트를 선택할 수밖에 없기 때문이지. 이렇게 수요 면에서 차이가 나다 보니 초품아 아파트는 가격이 더 비싸질 수밖에 없다.

결국 초품아거나 명문 중학교에 갈 수 있는 아파트를 선택하면 그 지역에서 선호하는 아파트를 골라낼 수 있다. 그리고 학군이 좋은 중학교나 고등학교의 경우 십중팔구 주변에 학원가가 형성되어 있다. 학원가의 유무와 크기는 '호갱노노' 앱에서 학원가 분석을 통해 파악할 수 있다. 좋은 학군과 학원가는 떼려야 뗄 수 없는 사이임을 꼭 명심하거라.

## 상품성이 있는 아파트

그다음으로 아빠가 살피는 부분은 아파트 자체의 상품성이다. 상품성 중에서도 가장 최고로 치는 것은 신축 아파트지. 지상에 차도 다니지 않고 새것이라 살기에 쾌적하며 리조트 같은 조경을 갖춘 신축 아파트는 그 주변의 돈 많은 사람들의 수요를 끌어당기고 자연스럽게 프리미엄이 붙는다.

좋은 입지의 신축 아파트들은 이미 프리미엄이 상당히 붙어 가격이 비쌀 것이다. 그러나 중요한 건 향후 얼마나 더 비싸질 수 있는지로, 아직 오를 여지가 남아 있다면 오히려 대장 아파트를 사는 게 나중에 환금성 면에서도 좋고 수익률도 더 낫단다.

신축 다음으로는 앞으로 신축이 될 수 있는 아파트, 즉 오래되고 용적률이 낮으며 대지지분이 큰 아파트를 찾는다. 다만 용적률이 낮다고 해서 모두 신축이 될 수 있다고 생각하면 안 된다. 소형 평수가 대다수를 차지하는 용적률 낮은 아파트는 한 세대당 소유한 대지지분이 낮아 일반 분양 물량이 적을 수밖에 없다. 게다가 일반 분양 물량이 적더라도 높은 가격에 분양할 수 있어야 하는데, 만약 해당 아파트의 입지가 별로여서 높은 가격에 분양하기 어렵다면 기존 아파트 소유자들의 분담금이 커지기 때문에 재건축을 진행하기가 쉽지 않다.

일반 분양 물량이 많이 나올 수 있는 아파트는 용적률이 낮고 대지지분이 큰 아파트다. 이른바 5층 주공 재건축 아파트인데, 보통 가격 변동성이 커서 상승기에 그 지역을 리딩하는 것이 바로 이 아파트들이지. 이런 아파트는 가격 변동성이 커서 재건축 과정에서 폭등과 폭락을 왔다 갔다 하는데, 조금만 조정기가 와도 서울 지역의 핵심 재건축 아파트인 은마나 잠실 주공 5단지가 고점 대비 몇억씩 떨어졌다는 뉴스가 나오는 것도 그 때문이다.

보통 아파트의 가격은 현재 실사용 가치에 미래 가치가 더해져서 정해지는데, 재건축 아파트는 워낙 집이 낡다 보니 전세 가격은 매매 가격에 비해 엄청나게 싼 경우가 많다. 즉 실사용 가치(전세 가격)가 무척 낮고 미래 가치가 높게 형성된 것이 바로 재건축 아파트의 가격이다. 그런 만큼 하락장을 맞아 재건축 과정이 지연되거나 중단된다면 높게 형성된 미래 가치만큼 크게 떨어질 수도 있다. 하지만 상승장을 맞아 미래 가치가 더욱 커진다면 가격이 급등할 수도 있다.

그래서 이런 재건축 아파트들은 재건축이 가시화될수록, 또 재건축을 가로막는 이런저런 악재들이 사라질수록 가격이 크게 오른다. 특히 상승장 후반기에 가면 재건축 아파트의 진행 단계에 비해 가격이 지나치게 급등한 경우를 심심찮게 볼 수 있다. 이런 경우 가격이 오버슈팅되었을 가능성이 크기 때문에 조심해야 한다. 무엇보다 시장의 방향성(상승장과 하락장)에 주의하도록 해라.

나는 네가 만약 재건축 아파트에 투자한다면 투자자들이 많이 진입하지 않은 단계를 노리거나, 분명 사업성이 괜찮은 재건축 아파트인데 하락장을 맞았거나, 아니면 이런저런 이유로 사업이 지지부진한 가운데 실망한 급매 매물들이 나왔을 때 추후 가능성 등을 고려해 투자하는 것이 가장 큰 이익을 낼 수 있다고 생각한다.

예를 들어 원주 단계주공 아파트는 입지도 좋고 대지지분도 좋아 재건축이 진행되고 있었다. 당시 원주는 혁신도시와 기업도시의 입주 물량으로 몸살을 앓고 있었고 원주의 부동산 시장은 계속 하락 분위기였다. 당연히 원주 단계주공 아파트 역시 감정평가 금액보다도 저렴한 가격에 많은 매물이 나와 있었지. 이를 주의 깊게 보고 있던 나는 이 아파트를 매수하기 직전까지 갔다.

그런데 해당 재건축 조합 카페에는 사업 진행에 대해 부정적인 글들이 가득했다. 당시만 해도 나는 지방 아파트 투자에 대해 확신이 없었기에 그만 매수를 포기했는데 이게 웬걸, 워낙 사업성이 좋다 보니 원주 부동산 시장의 하락장이 끝나고 가격이 오르기 시작했다. 그것도 큰 폭으로 말이다. 그래서 사업성이 충분한 입지 좋은 재건축, 재개발은 하락장에 사서 묻어두는 것이 가장 큰 이익을 낼 수 있는 방법이라고 말하는 것이다.

재건축은 시간과의 싸움인 만큼 시간을 내 편으로 만들 수만 있다면 나쁘지 않은 투자라고 본다. 다만 그 과정에서 하락장의 시작, 조합장의 무능과 비리, 정부 정책의 방향, 상가나 교회와의 갈등 등 많은 변수가 존재하므로 리스크도 크다는 것을 명심해라. 그래도 '하이 리스크 하이 리턴'답게 개발 이익이라는 큰 이익을 얻을 수 있는 곳도 바로 이 재건축이다.

신축이 될 만한 아파트 다음에는 준신축 아파트를 살펴본다. 준신축은 준공된 지 10년 안팎의 아파트를 의미하는데 신축이나 재건축 아파트들의 가격이 크게 상승했다면 아빠는 재빨리 준신축을 살핀다. 아직 준신축까지 바람이 불지 않았다면 십중팔구 준신축 아파트의 갭 메우기 장세가 펼쳐진다. 예를 들어 신축이 5억 원에서 9억 원으로 올랐는데 준신축이 3억 원 그대로 있을 수는 없다. 최소한 5억 원까지는 따라간다.

그리고 준신축 아파트에 투자할 때는 현재 관리가 잘되고 있는 아파트 단지를 고르고, 1군 건설사에서 지은 곳을 골라라. 처음 신축일 때는 그렇게 티가 나지 않지만 세월이 흐를수록 누가 공사했는지 등에 따라 아파트 상태에서 차이가 나더라.

예전 모 아파트에 중고 거래를 하러 간 적이 있었는데 이제 겨우 10년 안팎의 준신축임에도 불구하고 저가 마감으로 아파트의 노후화가 심각하더구나. 또한 분당 정자동 느티마을 공무원 아파트와 바로 옆 단지 상록 우성 아파트 역시 연식이 고작 1년밖에 차이가 나지 않음에도 한쪽은 심각하게 노후화되었고 한쪽은 아직도 쓸

만한 아파트였다. 그래서 사람들이 그렇게 브랜드를 따지는 것인지도 모른다.

준신축까지도 올랐다면 이제 남은 것은 구축인데, 정말 핵심 입지의 구축이 아니라면 썩 추천하고 싶지 않구나. 구축의 경우 한계가 명확하기 때문이지. 시간이 지날수록 계속 낡아가지만 재건축은 어려운 아파트다. 관리를 아무리 잘해도 아파트가 노후화되면 결국 사람들은 신축으로 떠난다. 지금 트렌드는 신축이다. 신축에서 한번 살아본 사람은 구축으로 돌아가기 싫은 게 당연하다.

그러다 보니 주변이 들썩여도 결국 마지막까지 남은 곳이 바로 구축이다. 그나마 핵심 입지의 구축은 갭 메우기를 통해 신축을 따라갈 수 있지만 어중간한 입지의 구축은 결국 양극화의 희생양이 되지. 그래도 핵심 입지의 구축이라면 나중에 리모델링 사업이나 일대일 재건축(일반 분양 물량이 거의 없이 분담금을 많이 내고서라도 재건축을 진행하는 것)이 가능하다. 리모델링을 통해 재건축까지는 아니지만 어느 정도 신축으로 탈바꿈할 수 있다면 그도 좋은 투자가 될 것이다. 그러니 구축을 고른다면 절대적으로 역세권의 핵심 입지 구축만 고르거라. 단순히 가격이 싸고 전세가율이 높다고 어중간한 구축을 고르다가는 나중에 후회할 것이다.

이 단계까지 진행했다면 이제 어느 지역의 어떤 아파트를 사야 할지 감이 올 것이다.

## 투자 가용 금액에 맞는 아파트

마지막으로 네가 원하는 지역에 투자할 아파트 단지를 골랐으면 해당 아파트 단지의 매물들을 확인해서 매물로 나온 아파트의 가격과 그 아파트 단지의 전세 매물들을 살펴봐야 한다. 그리고 그 차이가 내가 가진 자본으로 투자 가능하다면 그때는 최대한 급매물을 찾고, 가격을 잘 협상해서 내가 가진 자본의 범위 안에서 투자 금액을 맞춰야 한다. 전세가 잘 나가는지도 당연히 확인해야 한다.

또한 가급적 로열동과 로열층 아파트(일명 'RR'이라고 불린다)를 사도록 해라. 저층과 가격 차이가 너무 심하게 벌어진 게 아니라면 말이다. 로열동, 로열층을 사라고 하는 이유는 나중에 집을 매도할 때 더 쉽게 팔 수 있고, 하락장에서도 가격만 조정해준다면 팔릴 가능성이 더 커지기 때문이다. 내 눈에 보기 좋은 곳이 남들 눈에도 보기 좋은 법이다. 특히 집을 매매할 때는 매도인의 상황을 파악해서 내게 유리한 쪽으로 가격 협상을 잘 진행하는 것이 필요하다. 이런 과정을 몇 번 하다 보면 이 전략들을 너만의 무기로 만들 수 있을 것이라 믿는다.

핵심지는
평생 가져간다고
생각하라

나중에 네가 자녀를 키우게 된다면 알겠지만, 네가 태어나고 커갈수록 부모로서 네 미래에 대해 이런저런 고민거리가 생기더구나. 부모가 자식의 미래를 만들어줄 수는 없지만 그래도 더 나은 환경에서 좋은 교육을 받게 해주고 싶은 게 부모의 마음이더라. 내가 부모가 되어보니 부모님의 마음을 더 잘 이해할 수 있었고, 왜 부동산에서 학군지가 오를 수밖에 없는지 새삼 알게 되었지.

대치동 부동산이 그렇게 오른 것도, 공부 좀 한다고 하는 자녀를 큰물에서 교육받게 하고 싶어서 전국의 돈 있는 사람들이 몰려왔기 때문이 아니겠니. 부모가 아니었을 땐 몰랐지만 부모가 되고 보니 그들의 마음이 이해되더라. 더 나은 환경에서 공부해야 상위 집단에 들어갈 수 있다는 걸 알기 때문에 그토록 애쓰는 거지.

## 투자는 핵심지에 해야 한다

아들아, 아빠는 교육과 마찬가지로 투자도 결국은 큰물에 가서 놀아야 한다고 생각한단다. 주식이든, 부동산이든 말이다. 주식에서 괜히 1등 기업을 사라는 것이 아니다. 비싸도 무조건 1등 기업을 사거나 1등이 될 만한 기업을 사야 한다.

호황기에는 당연히 1등 기업이 더 치고 나간다. 그런데 불황기가 오면 1등 기업도 힘들지만 나머지 기업들은 버티지도 못하고 쓰러진다. 그러다가 불황기가 끝나고 다시 호황기가 찾아오면 1등 기업은 쓰러져버린 나머지 기업들의 몫까지 모조리 차지하며 몸집을 불린다. 그러니 1등 기업을 사거나 1등 기업이 될 수 있는 기술과 혁신을 갖춘 기업을 사야 하는 것이다.

부동산도 마찬가지다. 왜 갈아타기의 최종 종착점이 서울 강남이겠니. 명문 학교, 좋은 학원, 양질의 일자리, 훌륭한 상권, 사통팔달 교통망 등 이런 인프라들이 쉽게 형성되는 게 아니다. 모이고 모여서 지금의 강남이 된 거지. 강남으로 연결되느냐, 안 되느냐가 주변 지역 집값의 핵심이다. 아직 가격이 오르지 않은 외곽 지역이나 지방 저층 주공들을 기웃거리며 돈을 버는 것도 의미는 있겠지만 그런 투자자들 역시 그렇게 수익을 내서 핵심지로 진입하는 것이 최종 목표일 것이다.

즉 핵심지 보유가 부동산 투자의 포인트다. 그런데 핵심지를 보유하는 데 그쳐서는 안 된다. 장기 보유해야 한다. 반드시 서울과 서울 인근의 교통망 및 인프라가 잘 갖춰진 수도권에 투자해야 하며, 핵심지의 땅을 사서 평생 갖고 간다는 개념으로 장기 투자해야 한다. 그래야 인플레이션의 고공 행진 속에서도 내 자산을 지킬 수 있다. 지방 소도시 외곽의 허허벌판 땅을 아무리 오래 갖고 있어봤자 요행히 도로가 뚫려 국가로부터 토지 보상을 받는 경우를 제외하면 극적으로 가격 상승이 일어나는 일은 드물지. 그렇게 생각해보면 핵심지를 왜 장기 보유해야 하는지 이유를 알 것이다.

또한 이렇게 투자해야만 시간의 힘을 믿고 마음이 편한 투자를 할 수 있단다. 어차피 핵심지의 땅은 한정되어 있고 지가는 계속해서 올라가기 마련이다. 중간중간 크고 작은 파도를 맞을 수 있지만, 시간이 지나고 보면 장기 보유한 핵심지가 큰 수익을 내고 있는 것을 발견할 것이다.

## 핵심지를 장기 보유하라

우리가 저번 주말에도 〈부루마블〉 게임을 했던가? 너도 이 게임을 자주 해봐서 알겠지만, 여기서도 핵심지 땅을 많이 가진 사람이 승리하지. 핵심지의 중요성을 알려주는 게임이라고도 할 수 있어.

그런데 이 게임에 숨어 있는, 정말로 중요한 포인트 하나가 있는데 바로 '무인도'란다. 알다시피 이곳에 걸리면 3회 동안 주사위를 던지지 못하고 쉬어야 하지. 그런데 이 무인도는 게임의 전반부에 걸리느냐, 후반부에 걸리느냐에 따라 의미가 달라진다. 게임의 전반부에서는 빨리 게임판을 여러 번 돌며 땅을 사 모아야 해. 여기서 무인도에 걸려 몇 번의 기회를 박탈당하면 그야말로 최악의 상황이 되지. 내가 무인도에 갇혀 있을 동안 땅을 더 많이 모은 상대를 이기기가 힘들기 때문이야.

그런데 게임의 후반부에서는 여기저기 중요한 땅들의 주인이 이미 정해진 상황이야. 그러니 굳이 여기저기 돌아다니면서 남의 땅에 걸려 돈을 내기보다는 무인도에 갇혀 몇 회 쉬는 게 훨씬 더 마음이 편하다. 그 와중에 상대가 내 땅에 걸려서 내게 돈을 지불한다면 내가 승리할 확률이 더 커지고 말이야(물론 내가 핵심지 땅 몇몇을 가지고 있어야 하지만). 즉 게임 후반부에 무인도는 서로 가고 싶어 하는 '축복의 땅'이 되지.

마찬가지로 부동산 투자에서도 핵심지를 미리, 빨리 사놓는 게 중요해. 그런 다음에는 무인도에 가서 쉬듯이 시간의 힘을 믿고 기다리는 거야. 그러면 알아서 내 땅의 가치는 계속 커지고, 그 와중에 내 땅에 걸린 사람들은 내게 돈을 줄 것이다(임차인에게 전·월세를 내주고 수입을 얻는 것이라고 보면 되겠다). 즉 우리는 핵심지를 장기 보유하면서 마음 편하게 있으면 되는 것이다.

아빠가 그런 마음으로 보유하고 있는 아파트가 하나 있는데, 그 이야기를 들려주마. 10년 넘게 가지고 갈 생각으로 8년 공공임대

사업자등록도 해놓은 아파트란다. 바로 인천 연수구 동춘동에 있는 아파트야. 5층짜리 아파트로만 구성되어 있고 엘리베이터도 없어서 추후 안전진단을 통과하기가 수월하지. 게다가 5층 아파트답게 대지지분도 월등해서 무려 26평이란다.

이 아파트에 투자했을 무렵 동춘동은 바로 옆 동네 송도의 입주 물량으로 가격이 바닥을 찍었단다. 하지만 나는 송도의 입주 물량보다 이 도시의 자족 기능에 주목했다. 송도의 경우 강남까지 교통망이 좋지 않아도, 그 안에서 모든 것이 해결 가능한 몇 안 되는 자족 도시다. 특히 바이오 관련 기업들이 계속 입주하고 있고 양질의 일자리가 있는 곳이지. 그런 송도의 바로 옆이라는 사실은 판교 옆의 분당과 비슷해 보였어.

분당 역시 판교가 입주할 때 엄청나게 가격이 하락했던 곳이다. 그랬던 분당이 지금은 재건축 이슈를 등에 업고 엄청나게 가격이 상승하고 있단다. 게다가 분당의 학군은 전국에서도 최상위를 자랑하지. 또 판교에 있는 양질의 기업들이 분당을 직주근접에 아주 유리한 도시로 만들어주었고 말이야.

동춘동은 바로 이 분당과 비슷하다. 동춘동 역시 인천에서 상위 클래스에 해당하는 학군이야. 학원가도 많고 명문 학교들이 많지. 교통 면에서도 연수역 쪽에 판교와 연결되는 월판선(경강선)이 생길 예정이다. 이런 점 때문에 아빠는 동춘동의 대지지분 26평 5층 아파트를 2억 원 초반(전세 2억 원)에 매수했단다. 그리고 2022년 상반기

5억 원에 실거래가 이루어진 뒤 2023년 중반 무렵 가격이 조정되어 3억 원 초중반에 거래되고 있다. 하지만 처음부터 저렴한 가격에 매수했기에 별로 걱정이 없단다. 오히려 오래 보유하고 있으면 언젠가 새 아파트가 될 가능성이 크기 때문에 마음 편히 가지고 있을 수 있어.

그때쯤이면 송도의 입주가 마무리되고 월판선도 최소한 착공했을 것이다. 게다가 송도의 아파트들이 낡아가는 상황에서 바로 옆 동춘동의 저층 주거단지가 새 아파트들로 바뀐다면 송도의 고액 연봉을 받는 실수요자들이 동춘동을 선택할 수도 있다. 이런 투자가 바로 마음 편한 투자가 아닐까?

동춘동은 자족 도시인 송도 바로 옆에 붙어 있고 월판선이라는 교통 호재가 이미 확정된 상황이다 보니 송도만큼은 아니더라도 인천의 핵심지로서 분명 가치가 있다고 나는 판단했다. 또 이미 낮은 가격에 매수했기 때문에 비록 남아 있는 송도의 입주 물량 때문에 조정이 오더라도 버틸 수 있고, 오래 보유하고 있을수록 더 큰 이익을 낼 것이다. 게다가 임대사업자로 등록해놔서 전세 금액도 높이 못 올리다 보니 오히려 역전세 위험도 줄어들어 심지어 투자한 것도 잊고 지낼 정도다.

그러니 너도 부동산 투자를 할 때 핵심지는 평생 갖고 간다는 마음으로 오래 보유했으면 한다. 비록 서울이 아니더라도 지방 광역시의 핵심지도 오래 보유하면 좋은 결과로 돌아올 것이다.

아들아, 투자의 세계에 뛰어들면 투자자들 사이에서 격언처럼 떠도는 이야기들을 많이 접할 것이다. 그런 투자 격언 중에는 참고할 만한 내용도 있지만 오히려 고정관념이나 편견이 생겨 투자할 때 방해가 되는 것들도 있단다. 대표적인 사례로 '나 홀로 아파트는 잘 팔리지 않고 가격도 잘 오르지 않기 때문에 투자하면 안 된다'라는 격언이 있다. 이번에는 이 격언을 왜 그대로 믿으면 안 되는지 이유를 설명해주마.

## 대단지 아파트를 고르라는 이유

여기서 말하는 '나 홀로 아파트'란 대단지 아파트가 아닌 한 동이

나 두 동 정도로 이뤄진 약 100세대 내외의 작은 아파트 단지를 말한단다(아파트 브랜드도 보통 1군 건설사가 아닌 경우가 많다). 워낙 작은 단지다 보니 사람들의 수요에 제한이 있어 가격 상승에 불리하지. 보통 이런 나 홀로 아파트 단지가 주변 브랜드 건설사가 지은 대단지와 가격 차이가 크게 벌어지면 가격 측면에서 메리트가 있는 나 홀로 아파트에 대해 투자를 고민하게 된다.

그러나 가격 측면에서 분명 매력이 있더라도 사람들은 나 홀로 아파트 투자를 부정적으로 생각한다. 즉 이런 아파트는 환금성이 떨어지고 수요층이 적어 가격도 크게 오르지 않는다고 생각하지. 그래서 팔기도 어려운 애물단지 아파트가 되어버릴 것이라고, 나 홀로 아파트는 절대 투자하면 안 된다고들 한다.

만일 네가 비슷한 입지에 있는 대단지 아파트와 나 홀로 아파트 둘 중에서 투자해야 한다면 나 역시 대단지 아파트 투자를 먼저 하기를 권한다. 왜냐하면 네가 어떤 집에 투자한다는 것은 바꿔 말하면 영원히 그 집을 소유하는 게 아니라 충분한 수익을 내고 언젠가 다른 사람에게 넘긴다는 것인데, 사람들은 당연히 나 홀로 아파트보다 대단지 아파트를 더 선호하기 때문이다.

즉 대단지 아파트는 나 홀로 아파트보다 환금성이 더 좋다. 우선 대단지 아파트이기 때문에 관리비도 더 싸고 단지 관리도 더 잘 되며, 대단지일 경우 배후 수요가 커서 근처 상권이 잘 발달되어 있는 등 여러 가지 장점이 있다. 그리고 대단지 아파트는 보통 학교를 끼고 있는 경우가 많다.

그렇다면 투자자들 사이에서 마치 하나의 고정관념처럼 자리 잡은 격언대로, 나 홀로 아파트는 정말 투자해서는 안 될까? 무조건 투자 대상에서 걸러야 할까?

## 입지 좋은 나 홀로 아파트는 주변 대단지 가격을 따라간다

답부터 말하면, 나는 그렇게 생각하지 않는단다. 나 홀로 아파트도 상황에 따라 굉장히 좋은 투자처가 될 수도 있다. 다만 그러려면 몇 가지 조건이 필요하다.

우선 투자하려고 하는 나 홀로 아파트가 학군이 좋거나 좋은 직장들과 거리가 가깝다거나 등 뭔가 입지적 측면에서 내세울 만한 장점이 반드시 있어야 한다. 입지가 좋지 않은 외곽 지역의 나 홀로 아파트는 실제로 가격이 크게 오르기도 어렵고 나중에 돈이 필요해 급히 팔고자 할 때도 매수자를 찾기 어렵다. 이런 아파트는 사람들이 굳이 매수는 하기 싫지만 가격이 저렴하다는 이유로 잠시 전세로 머물다 가는 경우가 많다. 그래서 전세가율이 높고 투자금액이 적게 드는 것이 특징이기도 하다.

그런데 만약 서울 핵심지이면서 대규모 양질의 일자리와 가까운 삼성역의 나 홀로 아파트 혹은 좋은 학군이 받쳐주는 대치동의 나 홀로 아파트라면 어떨까? 분명히 나 홀로 아파트라도 그곳에 들어와 살고 싶어 하는 사람들이 많을 것이다.

실제로 예를 들어보자. 삼성역에 GTX-A, C, 위례선이 들어오는 등 교통망이 더욱 좋아지고, 안 그래도 근처에 일자리가 많은데 옛 한전 부지에 현대차가 GBC(글로벌 비즈니스 센터)를 짓는다고 하니 양질의 일자리가 더 늘어날 예정이다. 명실상부 대한민국 수도 서울의 핵심지라고 봐도 될 텐데, 앞으로 등장할 호재들이 즐비하니 근처의 집값은 당연히 고공 행진했을 것이다.

그런데 이런 삼성역 주변에도 나 홀로 아파트나 빌라 등이 많이 있다. 그리고 삼성역 근처의 브랜드 대단지 아파트들의 가격이 엄청나게 고공 행진할 때 이 나 홀로 아파트들은 앞서 말한 단점들 때문에 가격은 생각보다 크게 오르지 않았다. 하지만 생각해보거라. 삼성역 근처 대단지 아파트의 가격이 크게 올라서 8억 원에서 20억 원까지 올랐다고 해보자. 그런데 나 홀로 아파트는 가격이 그리 크게 오르지 않아 예전 가격인 5억 원에서 조금 오른 8억 원 정도라고 해보자. 이 상황에서도 대다수 사람은 '나 홀로 아파트라서 가격이 잘 오르지 않는 걸 거야' 하면서 투자를 꺼린다.

그런데 만약 삼성역이 아닌 마포나 광진구 같은 곳의 아파트도 10억 원이 넘어간다면 삼성역 근처 나 홀로 아파트의 가격이 결코 8억 원에만 머물러 있지는 않을 것이다. 나 홀로 아파트다 보니 거래량도 적고 매수세도 그렇게 크지 않지만 가격은 어느새 10억 원을 훌쩍 넘겨 주변 대단지 아파트의 가격을 따라가기 시작할 것이다. 이른바 '갭 메우기'다.

무엇보다 아무리 나 홀로 아파트라도 분명 대지지분을 가지고 있다. 삼성역 근처의 땅 몇 평을 소유한 것만으로도 지가 상승은 나 홀로 아파트의 가격 상승을 이끌 것이다.

삼성역뿐만이겠느냐? 예전에 아빠가 살았던 서초동 교대역 근처에도 나 홀로 아파트 한 동짜리가 있었는데, 부동산 상승기에 다른 아파트들이 치고 나갈 때 이 아파트 단지는 남들처럼 크게 오르지 못하고 약한 상승만 보여주고 있었다. 그런데 어느 순간 가격이 훅 뛰어 주변 대단지 아파트 가격을 따라가는 모습을 보여주더라.

한마디로, 나 홀로 아파트는 주변 대단지 아파트만큼의 가격 상승을 보여주지 못하고 해당 지역의 아파트 가격을 이끌지도 못하지만, 확실한 건 근처 대단지 아파트와 가격 차이가 계속 벌어지면 어느 순간 그 차이를 따라가는 때가 온다는 것이다. 그리고 가격 차이가 계속 벌어져 있는 그때가 편견을 깨고 나 홀로 아파트에 투자할 좋은 기회란 것이다.

그래서 네가 만약 나 홀로 아파트에 투자하려고 한다면 반드시 고려해야 할 내용으로 첫째도 입지, 둘째도 입지라고 말하고 싶구나. 특히 환금성이 약한 나 홀로 아파트는 확실하게 팔릴 수 있는 장점이 반드시 있어야 하기에 입지는 아무리 강조해도 모자라지 않을 정도로 중요하다.

반면에 이런 나 홀로 아파트는 피했으면 한다. 아무런 장점이 없는 곳, 예를 들어 역세권도 아니고 꼭 들어와 살아야 할 이유가 없는 곳(즉 근처에 일자리가 없는 곳), 주변에 가격을 이끄는 신축 대단지 아파트가 없는 곳 등은 아무리 전세가율이 높고 가격이 싸다고 해도 가격 상승이 어렵다. 또한 나 홀로 아파트임에도 주변 대단지 아파트와의 가격 차이가 충분히 나지 않는다면 그런 점도 조심해야 한다.

왜 삼성역이나 교대역 같은 핵심 지역에 있는 나 홀로 아파트는 근처 브랜드 대단지를 따라 같이 오를까? 이런 곳은 일자리가 많거나 학군과 인프라도 좋기 때문에 해당 지역에 대한 수요가 많은 곳이다. 수요는 많은데 들어갈 만한 좋은 아파트는 적다 보니 결국 나 홀로 아파트에도 수요가 몰리는 것이다. 그래서 어느 순간 주변에서 가격을 이끄는 대단지 아파트들의 가격을 따라간다. 반면 위에서 언급한, 피해야 할 나 홀로 아파트는 수요가 약한 곳이다. 안 그래도 오르기 어려운 나 홀로 아파트의 특성에 수요까지 떨어지다 보니 결국 투자처로서의 매력도가 떨어지는 것이다.

우리가 살고 있는 용인 동천동에도 두 동짜리 나 홀로 아파트가 있다. 이 아파트 역시 매매가 거의 없던 곳이란다. 그렇다 보니 실거래도 거의 없었던 곳이다. 다만 동천역과 가깝고 그럭저럭 살기 괜찮은 곳이라 실거주로 살기에는 나쁘지 않아서 나와 있는 전세 매물은 많지 않았던 곳이다.

그러다 용인 수지에도 부동산 상승기가 찾아오면서 근처 신축과 구축 중에서도 역세권 대단지 아파트들의 가격이 크게 오르기 시작했다. 하지만 이 나 홀로 아파트는 가격이 거의 오르지 않았고, 그나마 부동산 상승기를 맞이하면서 드문드문 실거래가 이루어지더라. 그런데 주변 대단지 아파트와의 가격 차이가 어느 정도 임계점을 넘은 순간 순식간에 가격이 뛰었지. 이게 바로 갭 메우기의 힘으로, 투자할 때 잘 파악하고 있어야 하는 포인트다.

당시 나는 '나 홀로 아파트는 나중에 잘 팔리지 않으니까 절대 투자하면 안 된다'라는 고정관념에 사로잡혀 있었단다. 그래서 매우 적은 갭으로 그 아파트 단지에 투자할 기회가 있었음에도 투자하지 않았다. 나중에 그 아파트가 한 번에 몇억 원씩 올라 주변 아파트 가격을 따라가는 것을 보고 나서야 절대적인 투자 격언이란 없으며 고정관념을 깨야 한다는 걸 새삼 느꼈단다.

사람들이 생각하지 않은 곳에 투자 포인트가 있음을 명심해라. 고정관념이나 편견에 사로잡히지 말고 현재 벌어지는 상황에 현명하게 대응할 수 있는 힘을 기르도록 해라.

부동산 가격을
깎는 법

투자하다 보면 간혹 부동산을 싸게 살 수 있는 몇 가지 상황을 겪는단다. 이런 경우라면 한 번쯤 가격을 크게 깎아달라는 제안을 해봐도 된다. 물론 가격 네고(흥정)를 제안할 때는 매수세를 보고 눈치껏 해야 한다. 만약 해당 지역이 매수세가 큰 상황이라면 그때는 가격 네고를 하기보다는 빠른 판단력과 실행력으로 매물을 잡길 바란다.

## 부동산 가격을 깎을 수 있는 상황들

다음 사례들은 아빠가 투자하면서 직접 경험한 것도 있고 다른 사람들에게 듣기도 했던 상황들이다.

## 매도인이 이혼해서 집을 얼른 처분해야 하는 경우

이 사례는 실제로 내 주변의 지인이 급매를 잡았던 경우였다. 집주인 부부가 이혼하면서 부부 공동명의로 되어 있는 서울 역세권 다세대 주택을 처분해야 했는데, 다세대 주택이다 보니 환금성이 좋은 아파트와 달리 매수 희망자만 있다면 얼른 넘기고 싶어 했다. 사실 이혼해서 집을 내놓은 경우라면 부부가 거의 서로 원수지간이 되어 공동명의로 된 재산을 하루라도 빨리 처분하고 싶어 할 것이다. 이 상황에서 돈 몇 푼 더 받겠다고 하는 사람은 별로 없겠지.

덕분에 그 지인은 주변 시세보다 훨씬 싸게 다세대 매물을 잡았고, 싸게 샀던 만큼 그 금액이 고스란히 안전마진이 되었다. 물론 이런 급매를 잡기까지 그는 매일 근처 부동산을 돌면서 임장을 했다고 한다. 노력 없이 거저 얻는 것은 없는 법이다.

## 매도인이 오랜 하락 기간 동안 보유하다가 지친 경우

사람의 심리는 정말 묘한 게 가격이 하락하면 처음에는 안절부절 못하고 스트레스를 받지만, 만약 그 하락 폭이 너무 커지거나 기간이 길어지면 오히려 걱정이 사라지고 거의 자포자기하는 마음이 된다. 그러다 다시 상승기가 와서 그동안의 하락을 회복하면 왜 시장이 반등했는지, 앞으로 어디까지 상승할지 같은 건 생각하지도 않지. 그저 지금까지의 고생만 떠올리며 애물단지 던지듯 쉽게 매물을 팔아버린다. 그동안 버틴 것은 생각도 하지 않고 말이다.

게다가 오랜 하락이나 보합기를 겪었다면 매물을 팔고 싶어도 매수세가 아예 죽어버려 전혀 팔리지 않지. 이젠 이익을 얻겠단 생각도 없고 그냥 어떻게든 본전만이라도 찾았으면 하지. 나중엔 '이 매물은 절대 안 돼, 절대 안 오를 거야' 하는 신념까지 생겨버린다. 한마디로 많이 지친 거지. 그러니 본전을 회복하자마자 쉽게 팔아버리는 것이다. 혹시라도 사려는 사람이 나타나면 여러 요구를 다 들어주면서까지, 매수자의 마음이 변할까 봐 얼른 팔아버린다.

아빠가 직접 겪은 일을 얘기해주마. 조금 전에 언급한 인천 연수구 동춘동 구축 아파트를 매수하러 해당 지역에 임장을 갔었을 때였다. 송도 바로 옆에 있는 동춘동 5층짜리 대지지분이 큰 아파트로, 미래 가치를 보고 사러 갔던 곳이었다. 게다가 큰 학원가를 끼고 있어 학군도 좋은 곳이었지.

무엇보다 연수역까지 도보 10분 이내의 준역세권인데 연수역은 향후 수인선 완전 개통 및 월판선 착공 시 완행 출발역으로 교통 호재를 끼고 있었다. 그리고 일자리가 많고 부자 동네인 송도의 바로 옆에 붙어 있어 향후 동춘동이 재건축되면 가격 상승 폭이 어마어마할 것이라고 봤다. 송도와 동춘동의 관계가 꼭 판교와 분당의 관계 같았지.

어쨌든 동춘동의 가장 큰 문제는 바로 옆 송도의 어마어마한 물량이었다. 해당 물량 때문에 송도조차 수년 동안 가격 하락 및 미분양에 몸살을 앓았는데 동춘동은 오죽할까. 게다가 동춘동 내에서도

2020년 입주 물량이 몰려서 가격이 큰 폭으로 하락했고, 특히 전세 입자가 구해지지 않아 집주인들이 역전세난을 겪었다고 했다.

그러다 보니 내가 동춘동 집을 매수하러 갔을 때는 마침 주변 아파트 입주장이 끝나고 인천 쪽으로 상승의 바람이 조금씩 불기 시작했다. 그래서 나는 집주인에게 550만 원을 깎아달라고 요청했다. 집주인이 계속 그 집에서 거주하고 있었던 터라 몇 년 동안의 하락기를 직접 겪었고, 이번 기회에 집을 팔고 싶을 것이라고 짐작했기 때문이다. 아니나 다를까, 집주인은 그 자리에서 550만 원을 깎아줬고 나는 혹시라도 집주인이 딴소리할까 봐 계약금을 넉넉하게 보냈다.

그 후 가격이 계속 오르더니 어느새 매수한 가격보다 두 배 이상 오른 가격으로 실거래가 이뤄지기 시작했다. 게다가 학군이 좋아 전세 매물이 귀한 상황이어서 마음 편히 갖고 갈 수 있는 물건이었다. 무엇보다 5층짜리 아파트에 대지지분이 26평으로 워낙 많아서 지가 상승이라는 요소만 보더라도 나쁘지 않은 결정이었다.

이처럼 오랜 하락기를 겪은 곳은 그 하락기가 끝나고 집값이 꿈틀거리기 시작하면 많은 사람이 그동안의 고생을 생각하며 얼른 매도하려고 한다. 너도 만일 이런 상황을 겪는다면 걱정하지 말고 가격 네고를 해보도록 해라. 최대한 싸게 살 수 있다면 그것이 안전 마진이 되는 법이다.

**상속을 받았는데 여러 명의 권리가 얽혀 있어 얼른 처분하려는 경우**

이런 상황도 집을 싸게 살 좋은 기회다. 보통 집을 한 자녀가 아닌 여러 자녀에게 상속해주는 경우 여러 권리가 얽혀 있다 보니 얼른 집을 처분하고 돈으로 나누고 싶어 한다. 그래서 상속으로 받은 집을 처분하려고 내놓았을 때는 강하게 가격 흥정을 해도 성사될 가능성이 크다.

다만 조심해야 할 것은 여러 명의 권리가 얽혀 있으므로 권리관계를 철저하게 확인해 돈을 날리는 일이 없도록 주의해야 한다. 부동산만 너무 믿지 말고 따로 법적인 부분을 알아보면서 필요하다면 전문가(변호사나 법무사)의 도움을 받도록 해라.

**이사나 이민 등으로 매도인이 급하게 집을 팔아야 하는 경우**

이 역시 매도자가 싸게 팔아야 하는 피치 못할 사정이 있다면 그 사정을 잘 활용해야 한다. 특히 다른 곳으로 이사하거나 해외로 이민 가는 경우, 이사 갈 집을 사놓고 매도가 안 되어 초조한 경우는 매도인의 상황을 충분히 분석해서 가격 흥정을 잘해야 한다.

무엇보다 분위기를 잘 살펴야 한다. 예를 들어 매도자 우위인 시장에서 운 좋게 이런저런 사정 등으로 값싸게 나온 매물을 만났는데, 그 와중에 가격을 더 깎겠다고 했다가 놓친 경우도 많이 봤다. 그러니 분위기를 잘 살펴서 다른 매수자들이 대기하고 있다면 얼른 매물을 잡도록 하고, 만약 다른 매수자들이 보이지 않고 매수자 우위인 시장이라면 이런 상황에서는 더 강하게 흥정해도 성사될 수 있다. 늘 그때그때 상황에 맞게 대응하도록 하거라.

또 매도인이 나이가 많은 경우 해당 집을 팔고 다른 곳으로 가고자 할 때도 급하게 처분하고 싶어 한다. 아빠가 직접 투자한 사례를 예로 들어보자. 2022년에 나는 청주의 한 아파트에 투자했었다. 그 아파트는 일흔이 넘으신 매도인이 혼자 사셨던 곳으로 거동이 불편해져서 이번에 실버타운으로 옮기신다고 했다. 그래서 자녀들이 상속을 받기보다 아버지가 아직 거동이 가능할 때 빨리 팔아버리자고 결정한 듯했다.

그들은 주변 시세 대비 약 30퍼센트 낮은 가격에 매도하고자 했고, 마침 그 아파트 단지를 눈여겨보던 내가 그 매물을 발견하고 바로 500만 원을 깎아달라는 제안을 했다. 자녀들로서는 고민이 됐겠지만 집을 꼭 팔아야만 하기에 내 제안을 거절하기가 어려웠을 것이다. 그래서 선뜻 네고 제안을 받아들였고 나는 그날 바로 계약했다.

그때가 2022년 8월 무렵이었고 전국적으로 집값이 조정을 받고 있는 상황에서도 투자한 이유는 우선 아파트가 5층짜리에 16평 정도의 괜찮은 대지지분을 가지고 있었기 때문이다. 무엇보다 현재 시세 대비 약 30퍼센트 낮은 가격으로 매수했기 때문에 청주의 미래 가치를 보면 나쁘지 않은 선택이었다고 생각한다.

## 집주인이 현지 사정을 잘 모르는 외국인일 경우

집주인이 외국인일 경우에도 집을 싸게 살 수 있다. 간혹 매물 중에 적정 시세보다 싸게 나온 매물이 있는데 십중팔구 집주인이 해외에 살거나 다른 지역에 거주해서 현지 분위기를 잘 모르는 경우다. 다만 이런 매물은 정말 가물에 콩 나듯 아주 드물게 보이며, 잠깐 사이에 바로 사라진다.

급매를 노리는 사람은 나만 있는 게 아니라는 사실을 명심하거라. 많은 사람이 급매를 노리고 있으므로 이런 매물들을 보면 얼른 잡도록 해라. 심지어 이렇게 시세보다 훨씬 저렴한 눈먼 매물이 나오면 공인중개소 사장님이 본인의 가족이나 지인에게 바로 매수를 권해서 물건을 채가기도 한다.

네이버 부동산 앱에 들어가면 해당 단지에 일정 가격 이하로 매물이 등록될 경우 알림이 뜨게끔 설정할 수 있단다. 그래서 시세보다 저렴한 물건이 등록되면 바로 확인해서 매수를 진행하는 것도 좋은 방법이다.


## 집주인이 급전이 필요하거나 경매에 넘어가는 경우

집주인에게는 안타까운 일이지만 이런 집들은 투자자들에게 가장 좋은 먹잇감이 된다. 특히 이런 상황이 발생할 정도면 시장은 아마 조정 중이거나 하락장일 가능성이 큰데 이때는 매수인이 갑이다. 특히 상대가 급한 상황이라면 이때는 엄청나게 싼 가격을 불러도 흥정이 가능하다. 다만 이런 물건일수록 등기부등본의 근저당 등을 철저히 확인해서 혹여라도 실수하는 일이 없도록 해라.

### 해당 물건이 치명적 단점이 있고 집주인도 이를 알고 있는 경우

치명적 단점이란 결로나 곰팡이가 있는 경우, 햇빛이 잘 들어오지 않는 경우, 앞에 있는 장애물들로 뷰가 가려진 경우 등을 말한다. 만약 이 아파트 물건이 인기 좋은 대단지에 있다면 아마 많은 사람이 보고 갔을 것이다. 그리고 이런 단점들은 내 눈에만 보이는 게 아니라 모두의 눈에 보인다. 그래서 아마 보기만 하고 실제 매수는 하지 않았을 것이다.

이런 경우 시간이 지날수록 집이 잘 팔리지 않아 집주인은 마음이 흔들린다. 만약 급한 돈이 필요한 상황이라면 더욱 초조해질 것이다. 그때를 잘 노려서 가격 흥정을 한다면 성사될 가능성이 크고, 싸게 산 만큼 나중에 적당한 시세차익을 얻고 싸게 팔면 된다. 특히 곰팡이, 결로 등은 수리를 잘해서 내놓는다면 가격 하락의 원인이 사라지는 것이므로 시세차익 면에서 괜찮은 투자가 될 수 있다(다만 가격 측면에서 메리트가 확실해야 한다).

### 주변에 대규모 단지 입주가 있고 집주인이 그 대단지로 입주하는 경우

주변에 대규모 단지 입주가 있으면 제아무리 입지가 좋은 곳이라도 잠시 수요 대비 공급이 넘치기 때문에 전세가가 하락하기 마련이다. 게다가 대규모 단지 입주라면 매매가도 일시적으로 흔들리는데, 이때를 틈타 원하는 매물을 산다면 매수자 우위 시장에서 괜찮은 가격으로 살 수 있다.

만약 매물을 내놓은 집주인이 그 대단지로 입주가 계획되어 있어서 집을 내놓은 경우라면 사정이 급한 만큼 매물 가격을 좀 낮춰서라도 얼른 팔고 싶어 할 것이다. 이때는 가격 협상을 시도해볼 만하고 적당한 가격이면 얼른 결단을 내려 매물을 잡아야 한다(이런 좋은 매물은 다른 수요자들도 노리고 있으니 원하던 매물이라면 바로 가계약금을 보내도록 해라).

또 만약 주변 매물의 일시적 공급 과잉으로 가격이 하락한 것이라면, 추후 더 큰 하락이 있으리라 기대하며 머뭇거리지 않도록 해라. 대규모 입주장은 분명 입주 타이밍에서는 주변 구축들에 악영향을 미친다. 하지만 입주장이 계속 이어지지 않고 마무리된다면 오히려 신축 대단지가 그 근처의 가격을 이끌어줄 수도 있다. 그러면 주변 구축들의 가격도 따라 올라가니 이 점을 명심하거라.

이렇게 매물을 싸게 살 수 있는 경우들에 대해 내 경험을 바탕으로 적어봤다. 이런 경험들은 사실 직접 겪지 않고는 알기 어려운 것들이니 네게 많은 도움이 되길 바란다.

# 갭 메우기와
# 갭 벌리기

한번 생각해보려무나. 부동산 투자를 할 때 상급지와 하급지가 있다면 가지고 있는 자금 내에서 최대한 상급지에 투자하는 게 당연하겠지? 너도 알겠지만 상급지가 오를 때는 더 많이 오르고, 떨어질 때도 가격 방어선이 더 확고하기 때문에 그렇단다. 그런데 여기서는 조금 다른 이야기를 해보려고 한다.

## 하급지의 역습, 갭 메우기

하급지라고 해서 무조건 투자하면 안 되는 건 아니란다. 하급지도 때론 '역습'을 해올 때가 있거든. 역습이라니, 왠지 흥미롭지 않니? 오늘은 바로 이 하급지의 역습에 관해 이야기해보자.

예를 들어 A 지역이 상위 지역(상급지)이고, B 지역이 하위 지역(하급지)이라고 생각해보자. 이 경우 A 지역에 투자하는 게 당연하다. 왜냐하면 B 지역으로 오고 싶어 하는 수요보다 A 지역으로 오고 싶어 하는 수요가 많을 테니, A 지역은 규제 상황에서도 나름대로 갈아타기 수요와 실거주 수요를 B 지역보다 더 갖출 수 있기 때문이다. 심지어 B 지역에서도 A 지역으로 오고 싶어 하는 사람들이 많을 것이다. 그래서 A 지역은 하락할 때는 가격 하방지지선이 더 견고하고 상승할 때는 훨씬 더 많이 상승한다.

그렇다면 B 지역은 투자를 하지 말아야 할까? 아니다. 바로 하급지의 역습이 시작되기 때문이다. 상급지와 하급지의 갭이 너무 벌어져서 하급지가 싸 보일 때 이른바 '갭 메우기'가 시작된다.

예를 들어 A 지역이 5억 원, B 지역이 4억 원이라고 해보자. B 지역은 하급지라서 A 지역 가격의 80퍼센트를 유지했는데, 상승장을 만나 A 지역이 10억 원, B 지역이 5억 원으로 오른다면 이제는 하급지가 따라 올라갈 때가 되었다. 가격이 50퍼센트를 유지한다면 B 지역의 가성비가 압도적으로 좋기 때문이다.

그래서 상급지의 가격이 급격히 오르면 하급지의 가격도 따라 오르는 경우가 많고, 이런 식으로 주변 지역으로 가격 상승의 열기가 퍼져나간다. 즉 하급지라고 해서 가격 상승이 일어나지 않는 게 아니다. 상급지와의 갭이 커지면 하급지도 갭을 메우러 따라 올라가는 것이다.

부자 아빠 부동산 수업

게다가 B 지역이 A 지역보다 입지는 떨어지지만 연식은 더 나은 아파트들이 들어서기 시작한다면, 이 아파트들의 가격은 A 지역 아파트의 가격을 무섭게 따라붙을 것이다. 예를 들면 분당과 수지의 경우가 그렇다. 분당은 수지보다 입지가 훨씬 좋다고 할 수 있다. 수지에 사는 사람들도 자녀가 학령기가 되면 분당으로 많이 빠져나가곤 했다. 그렇다 보니 분당과 수지는 어느 정도 갭을 두고 상승했다. 보통 분당이 먼저 많이 오르면 그 뒤를 수지가 따라가곤 했다. 하지만 수지가 분당의 가격을 넘어선 적은 없었다.

그런데 분당과 수지의 입지 차이에도 불구하고 수지에 몇몇 대단지 브랜드 신축 아파트가 들어섰는데, 이 아파트는 노후 아파트가 즐비한 분당과 수지 지역에서 구축 속 신축의 자리를 차지했다. 그래서 가격이 상당히 올라 분당이라는 상급지의 가격을 거의 따라잡는 경우가 생기기도 했다.

## 갭 메우기가 시작되면 상급지로 갈아타기를 고려하라

앞서 설명한 사실을 투자에 적용해보자.

첫째, 상급지와 하급지가 있을 경우 상급지에 투자하면 좋겠지만 만약 투자 타이밍을 놓쳐서 상급지가 상당히 올랐다면 그다음 하급지에 투자한다. 실거주가 좋은 하급지를 찾아 투자한다면 상승의 기운이 하급지로 퍼질 것이다.

둘째, 하급지에 신축이 들어서는데 상급지에 구축이 즐비하다면 하급지만의 경쟁력이 생기는 것이다. 그렇다면 신축이라는 강점이 하급지의 단점을 어느 정도 극복할 수 있다. 이 경우 하급지의 신축에 미리 투자한다면 상당한 이익을 얻을 수 있다.

셋째, 하급지의 신축이 큰 가격 상승을 보여 상급지와의 갭이 줄어들었다면 이제는 갈아타기를 할 타이밍이다. 갭이 줄어들었을 때 하급지 신축을 매도하고 상급지로 갈아타거라. 특히 하급지가 상급지와의 갭을 메우며 가격 차이가 거의 나지 않는다면, 오히려 상급지가 하급지 대비 가격이 저렴해 보이는 상황이 발생한다. 이런 경우 상급지가 다시 치고 올라가는데, 이것을 상급지의 '갭 벌리기'라고 한다.

또한 상승장에서는 앞서 언급한 갭 메우기와 갭 벌리기가 여러 번 반복되곤 한다. 예컨대 하급지가 갭을 메우면 상급지가 다시 갭을 벌리고, 또다시 하급지가 갭을 메우면 상급지가 또 다시 갭을 벌리는 것이다. 그러니 언제든 상급지로의 갈아타기를 염두에 두어야 한다. 시간이 지날수록 아파트는 낡아가지만 입지는 영원하다는 사실을 명심하거라.

이제 왜 '하급지의 역습'이라고 하는지 이해가 되니? 상급지와 하급지의 가격 상승 양상을 주시하면서 무엇보다 타이밍을 잘 포착해야 한단다. 하급지도 상급지의 가격을 따라 오르는 때가 온다. 중요한 건 갈아타기의 타이밍이라는 걸 염두에 두길 바란다.

## 재건축이 가능한 아파트 고르는 법

재건축 관련 투자를 하다 보면 비례율이니, 감정평가니, 추가 분담금이니 하는 전문 용어들을 접하게 된다. 당연히 재건축에 투자할 생각이 있다면 관련 내용을 꼼꼼하게 공부해야 한다. 심지어 잘 알아보지도 않고 무턱대고 재건축 아파트에 투자했다가 현금청산(새로 지어지는 아파트를 받지 못하고 현금으로 받는 것을 말한다. 이 경우 새 아파트를 받을 수 있는 프리미엄이 사라지다 보니 시세보다 낮은 가격으로 현금청산을 당하게 된다)이라는 무시무시한 상황에 처할 수도 있으니 관련 법률도 주의 깊게 살펴봐야 한단다. 재건축을 전문적으로 다룬 책들이 많이 나와 있으니 그중 설명이 잘 되어 있는 것을 골라 여러 번 읽고 공부해서 네 것으로 만들도록 해라. 오늘은 재건축 투자에 대해 도움이 될 만한 내용을 적어보았다.

## 재건축 사업성을 간단하게 판단하는 투자 방법

여기서는 어떤 아파트 단지의 재건축이 아직 진행되지 않았을 때 만약 재건축한다면 사업성이 어느 정도 있는지 대략 판단하는 데 도움이 될 방법을 알려주고자 한다. 이 방법은 내가 부동산 투자를 해오면서 나름대로 만들어낸 것인데, 너도 한번 곰곰이 생각해보고 너만의 방법을 세워보길 바란다.

### 아파트 단지 면적

재건축 사업성이 있는지 판단하기 위해서는 가장 먼저 해당 아파트 단지의 면적, 쉽게 말해 아파트 단지가 세워진 땅 크기에 대한 정보가 필요하다.

일단 '디스코' 앱을 다운받는다. 내가 관심 있게 보는 단지를 디스코 앱에서 찾아 클릭한다. 아파트 관련 정보 중에서 '토지'를 눌러보면 면적에 대한 정보가 나와 있다. 이때 면적은 제곱미터로 나오니 0.3025를 곱해서 평으로 환산해준다.

그러면 이제 해당 아파트 단지의 땅 크기를 알게 되었다. 그런데 간혹 디스코 앱의 오류로 면적 크기가 잘못 나올 때도 있다. 아주 드문 사례이긴 하지만 이런 경우를 대비하기 위해 아파트 단지의 등기부등본을 확인한다. 등기부등본의 맨 앞 장에서 '표제부'를 보면 '대지권의 목적인 토지의 표시'란 항목이 있는데, 그곳에 바로 면적이 나와 있다. 디스코 앱에 나온 면적과 등기부등본에 나온 면적이 같은지 확인하고 넘어가자.

## 건폐율과 용적률

건폐율과 용적률에 대해서는 많은 책에서 잘 설명하고 있는데 나는 더 쉽게 설명해주려고 한다.

우선 건폐율은 건축물의 면적이 전체 아파트 단지 땅에서 얼마나 차지하고 있는지 나타낸 것이란다. 예를 들어 땅 1,000평에 세워진 아파트 단지가 있다고 하자. 그런데 그 아파트 단지에는 아파트 건물이 단 두 동만 있다. 이때 아파트 건물 한 동의 면적이 50평이라고 했을 때 두 동이기 때문에 총 아파트 건물의 면적은 100평이 된다. 1,000평짜리 땅 위에 100평 면적의 건물이 세워져 있으니 건폐율은 100평(건물 총 면적)을 1,000평(아파트 단지 땅 면적)으로 나누면 구할 수 있다(100평÷1,000평×100). 그러면 10퍼센트가 나온다.

만약 동일 부지에 아파트 건물 10동이 세워져 있다고 생각해보자. 아파트 한 동의 면적이 50평이고, 10동의 아파트가 있기 때문에 총 아파트 건물의 면적은 500평이 된다. 1,000평짜리 땅 위에 500평의 건물이 세워져 있으니 건폐율은 500평(건물 총면적)을 1,000평(아파트 단지 땅 면적)으로 나누면 되는데(500평÷1,000평×100), 50퍼센트가 나온다.

건폐율이 낮을수록 아파트 단지는 건물 간 사이가 멀어서 굉장히 쾌적해진다. 보통 수도권 아파트들의 건폐율은 15~20퍼센트를 왔다 갔다 하는데, 15퍼센트면 쾌적하다고 할 만하고 20퍼센트를 넘어가면 건물들이 약간 빽빽하게 들어서 있다는 느낌을 받기 시작한다. 참고로 용인 성복역 초역세권 신축 모 아파트의 경우 건폐율이 46퍼센트다. 실제 임장을 가보면 아파트가 서로 다닥다닥 붙어 있는 것을 확인할 수 있다.

또 건폐율이 낮을수록 건폐율이 높은 아파트에 비해 각 세대가 소유한 아파트 대지지분도 많다. 예컨대 1,000평짜리 땅에 동일한 평형을 가진 아파트 건물 두 동이 세워져 있다면 두 동에 살고 있는 총 세대수로 1,000평을 나눠서 각 세대가 대지지분을 소유하고 있는 것이다. 만약 똑같은 크기의 땅에 건물 10동이 세워져 있다면 10동에 살고 있는 총 세대수로 1,000평을 나눠 소유해야 하니, 당연히 각 세대가 소유한 아파트 대지지분이 크게 줄어들 것이다.

용적률은 아파트 건물의 지하층을 제외하고 1층부터 가장 높은 층수까지 '바닥 면적'을 모두 더해, 바닥 면적을 더한 면적의 합이 전체 아파트 단지 면적의 어느 정도인지 나타낸 것이다. 예를 들어 땅 1,000평에 세워진 아파트 단지가 있다고 해보자. 이 아파트 단지에는 한 동의 아파트 건물만 있는데 총 20층까지 있는 건물이다. 이 아파트 건물의 면적은 50평이다. 그런데 20층까지 있기 때문에 각 층의 바닥 면적을 모두 더해야 한다. 따라서 50평(건물 면적)에 20층을 곱하면 1,000평이 나온다(50평×20층=1,000평). 1,000평에 세워진 아파트 단지에 1,000평의 바닥 면적을 사용했으니 이 경우 용적률은 100퍼센트라고 할 수 있다.

그런데 만약 한 동이 아니라 두 동의 아파트 건물이 있고, 역시 20층까지 있다면 용적률은 어떻게 될까? 50평(건물 면적)에 20층을 곱하고 2동을 또 곱해야 하는데 그러면 2,000평이 나온다(50평×20층×2동=2,000평). 1,000평 아파트 단지에 2,000평의 바닥 면적을 사용했으니 이 경우 용적률은 200퍼센트라고 할 수 있다. 한마디로 용적률은 아파트 건물의 층수가 높거나 건물이 많이 지어져 있으면 커지고, 건물의 층수가 낮거나 건물이 적게 지어져 있으면 작아지는 것이다.

그래서 용적률도 건폐율처럼 높은 용적률의 아파트에 비해 낮은 용적률의 아파트 소유자들이 더 큰 대지지분을 가지고 있다. 그래서 사람들이 재건축될 만한 아파트에 투자할 때는 낮은 용적률을 가진 아파트를 찾는 것이란다.

**땅의 용도**

이제 땅의 용도를 알아보자. 마찬가지로 디스코 앱을 실행해 해당 단지를 클릭하면 아파트 이름 옆에 용도지역이 나올 것이다. 보통 아파트들은 2종일반주거지역이 아니면 3종일반주거지역일 텐데, 여기서 2종과 3종의 차이점은 적용받을 수 있는 최대 용적률이 다르다는 것이다.

엄밀히 말하면 용적률 최대 한도는 시행령에 따른 범위에서 지자체가 지역 여건에 따라 도시계획조례로 정한다고 되어 있다. 하지만 이 말을 군이 이해하려고 하지 말고 그냥 2종의 경우 대부분 지역에서 250퍼센트의 용적률까지 적용받을 수 있고, 3종의 경우 300퍼센트의 용적률까지 적용받을 수 있다고 생각하면 편하다.

당연히 높은 용적률을 적용받을수록 높은 건물을 올릴 수 있어 훨씬 유리하다. 그래서 2종일반주거지역보다 3종일반주거지역이 더 큰 가치를 지니는 것이다. 게다가 준주거지역이나 상업지역 등의 용도지역도 있는데 보통 준주거지역은 500퍼센트, 일반상업지역은 800퍼센트의 용적률 상한선을 갖는다(그래서 엄청나게 높이 지은 주상복합의 경우 십중팔구 땅의 용도가 일반상업지역으로 되어 있다).

유망한 재건축 단지를 고를 때는 2종보다는 3종을 고르되, 만약 5층 이하로 된 저층 아파트 단지라면 용도지역이 2종으로 되어 있어도 사업성이 충분히 나올 수 있다고 본다. 다만 용도지역이 1종 주거지역인 곳은 조심하도록 해라. 이런 곳은 아파트가 들어설 수 없기 때문에 땅값의 상승이 크게 일어나지 않는다. 또 용도지역에 '고도지구'라고 표시된 아파트 단지도 있는데, 이런 경우 아파트 높이에 제한을 받기 때문에 역시 투자할 때 주의해야 한다.

실행

앞에서 말한 개념들을 이해했다면 이제는 아빠가 투자한 아파트 단지를 살펴보면서 한번 시뮬레이션을 해보자. 다음은 2020년 당시 투자할 때 내가 실제 사용했던 방법으로, 잘 익혀둔다면 큰 도움이 될 것이다.

분석해볼 아파트는 인천 연수구 동춘동의 풍림3차 아파트다. 디스코 앱에서 면적을 확인하니 38,583.1제곱미터로 확인된다. 여기에 0.3025를 곱해 '평'으로 바꿔주자. 11,671.4평이 나온다 (38,583.1제곱미터×0.3025=11,671.4평).

용적률을 적용하기 전에 해당 토지에서 기부채납, 즉 재건축 사업을 진행할 때 지자체에 기부하는 일정 부분의 토지 면적을 빼야 한다. 따라서 대략 10퍼센트의 토지를 기부한다고 치고, 0.9를 곱하면 기부채납 이후의 토지 면적이 나올 것이다. 계산해보면 10,504.3평의 토지 면적이 나온다(11,671.4평×0.9=10,504.3평).

해당 아파트 단지의 용도지역을 확인하니 2종일반주거지역으로 나온다. 그렇다면 2종일반주거지역 250퍼센트의 용적률을 적용해보자. 26,260.8평의 총 바닥 면적을 확보할 수 있다(10,504.3평× 2.5=26,260.8평).

보통 재건축 사업을 할 때는 21평형, 25평형, 32평형, 39평형, 42평형 등 다양한 평수의 아파트를 골고루 짓는데, 대부분의 재건축 아파트는 국민평형이라는 32평(84제곱미터) 아파트를 주력 평형으로 짓는다. 그렇다면 이 바닥 면적에 약 32평 아파트로만 몇 세대를 지을 수 있는지 계산해보자. 총 820.7세대가 나온다(26,260.8

평÷32평형=820.7세대).

만약 소형 평수의 비중이 커져서 대략적인 평균 평형이 더 줄어든다면 세대수가 더 많이 나오게 된다. 예컨대 30평을 평균 평형으로 잡으면 875.4세대가 나온다(26,260.8평÷30평형=875.4세대). 그래서 평균 대지지분이 낮은 재건축 아파트들이 주력 평형으로 25평형을 내세우면서 일반 분양 물량을 최대한 늘리려고 하는 것이다.

그럼 새롭게 지은 아파트의 일반 분양 세대는 어떻게 될까? 전체를 동일하게 32평형이라고 하고 계산해보자. 앞서 봤듯이 820세대가 나온다. 이 아파트의 기존 조합원 수는 440명이다. 따라서 820세대에서 440세대(기존 조합원)를 뺀 380세대를 새로이 일반 분양할 수 있다는 말이 된다(820세대-440세대=380세대).

물론 여기에 아파트 단지 내 상가 조합원(상가는 28개 호실이 있다)도 고려해야 하니, 단순하게 상가 조합원들에게 아파트 1채씩 준다고 가정하고 380세대를 352세대로 변경해서 생각해보자(380세대-28세대=352세대). 즉 조합원 440세대에 비해 352세대가 일반 분양 세대로 나오는 것이다. 비율로 보면 약 80퍼센트가 늘어난 셈이다(352세대÷440세대×100=80퍼센트).

만약 저 위의 계산 과정에서 받을 수 있는 용적률이 늘어나면 당연히 더 많은 일반 분양 물량이 생겨나므로, 사업성이 더 좋아진다. 다만 이 경우, 늘어나는 용적률의 일정 비율을 임대주택으로 지어 공급하게 되어 있다. 위의 계산 과정에서 이런저런 변수들이 많이 나올 수 있어 결과를 무조건 맹신하는 것은 곤란하지만 그래도 어느 정도는 사업성을 빠르게 판단할 수 있다(재건축 사업에 부정적인 영향을 끼치는 것은 용적률을 낮게 받거나 기부채납 비율이 늘어나는 것, 분양 가격이 낮아지는 것 등이다).

수도권 기준으로 기존 조합원 수 대비 일반 분양 물량이 50퍼센트 이상 된다면 그 재건축 사업장은 괜찮은 사업성을 가지고 있는 것이다. 그래서 내가 2020년에 해당 아파트에 투자했을 때도 위와 같은 과정을 거쳐 투자 판단을 내릴 수 있었다.

만약 일반 분양 물량이 기존 조합원 수 대비 조금 늘어나는 곳이라면 높은 가격에 분양할 수 있는 입지인지를 봐야 한다. 즉 비싼 분양가로 분양해서 모두 판매될 수 있는 입지라면 일반 분양 물량이 적다고 해도 좋은 사업성을 갖고 있다고 할 수 있다(바로 강남이 그런 경우다).

반면 일반 분양 물량도 적은데 비싸게 팔 수도 없는 곳이라면 재건축 사업성이 낮다고 생각해야 한다. 지자체에서 용적률을 획기적으로 올려주지 않는 한 사업성이 오르기 어려우므로 재건축 사업이 지지부진해질 것이다. 게다가 해당 단지만 용적률을 올려주면 타 단지와의 형평성 문제가 불거지기 때문에 쉽지 않은 문제다. 그러니 굳이 사업성이 좋지 않은 곳에 투자해서 마음 졸이느니, 사업성이 괜찮은 곳에 투자해서 마음 편히 기다리는 게 낫다.

## 자신만의 투자 방법을 개발하라

자, 이제 왜 단순히 아파트가 오래되었고 재건축 이야기가 솔솔 나오고 있다는 기대감으로 곧바로 투자를 진행해서는 안 되는지 알겠니? 위에서 아빠가 실제로 활용하는 투자 방법 중 하나를 알려주었는데, 네가 나중에 투자를 시작할 때도 이 방법이 여전히 유효할지는 솔직히 모르겠다.

이 방식은 아빠가 투자 관련 책들을 읽어보고 어떻게 하면 미래에 더 큰 가치가 있는 투자처를 골라낼 수 있을까 고민하다 찾아낸 방법이란다. 예를 들어 용적률을 공부하다가 용적률이 1층부터 탑층까지의 '바닥 면적'의 합이라는 것에 주목해서, 그렇다면 총 바닥 면적을 해당 아파트 단지의 평균 평형으로 나눈다면 대략 세대수가 구해지지 않을까 생각한 거지.

실제로 현재 재건축 사업을 진행하는 곳에 이 방법을 적용해봤더니 재건축 후 나오는 세대수가 내가 계산한 방법과 그렇게 크게 차이 나지 않더라. 그래서 그때부터 이 방법을 활용해서 만약 재건축된다면 세대수가 많이 늘어날 수 있는 아파트들을 찾아 투자를 고려했단다. 너도 나중에 너만의 투자 방법을 찾아낼 수 있어야 한다. 그리고 찾아낸 뒤에도 거기에 머무르지 말고 계속 새로운 방법을 찾아가면 좋겠구나.

비교를 통해
살펴보는
부동산 매수 기법

요즘 모 부동산 카페에서 '지역 급지'라고 해서 전국의 투자 지역들에 순위를 매긴 글들이 종종 올라오더구나. 예를 들면 A 지역은 1급지, B 지역은 2급지, 이런 식으로 지역별 등급을 매기는데 내 눈에는 지역에 순위를 매긴 것이 그리 좋아 보이지는 않았다. 그리고 이런 글이 한번 올라오기라도 하는 날이면 댓글로 한바탕 갑론을박이 벌어지곤 한단다. 자신이 사는 지역이 왜 순위가 낮냐며 항의하는 댓글도 있고, 글쓴이가 어디 지역을 가지고 있느냐며 비아냥거리는 댓글도 쏟아진다.

이런 글은 그냥 보고 웃어넘길 수도 있지만, 관점을 바꿔 곰곰 생각해보면 그 안에 생각지 못한 투자 원리가 숨어 있는 걸 알 수 있단다. 어떤 원리인지 한번 살펴볼까?

# 땅의 가치와 가격을 비교하면 저평가된 곳을 찾아낼 수 있다

첫째, 사람들의 머릿속에서 높은 순위의 지역이 투자에서도 좋은 선택이 될 수 있다. 우리나라 사람들은 생각보다 순위 매기는 것을 상당히 좋아하는 것 같다. 당장 대학교 입시만 해도 상위 대학 순위를 대강 댈 수 있을 정도로 사람들의 머릿속에 순위가 정해져 있으니 말이야(물론 나는 이렇게 대학 순위를 매기는 것을 좋게 보지 않는단다. 당연히 좋은 대학을 가면 더 좋겠지만 그보다 어디를 가든 자신의 적성에 맞는 과를 선택해 열심히 하는 것이 더 중요하다고 생각한다). 그러니 이왕이면 사람들의 인식에서 상위에 있는 지역의 아파트를 매수하는 것이 나중에 투자 면에서나 실거주 면에서도 좋은 선택이 되리라 본다.

둘째, 가격은 지역의 차이를 명확히 보여준다. 사람들은 순위를 매기면서 어디가 더 좋네, 어디가 더 나쁘네 하면서 갑론을박을 벌이지만 내가 보기에 이런 문제는 오히려 단순명료하다. 즉 가격이 높은 곳이 상위 지역이고 가격이 낮은 곳이 하위 지역이다. 비슷한 연식과 입지를 가진 두 지역의 아파트를 비교했을 때 하나는 10억 원이고 다른 하나는 12억 원이면 당연히 12억 원인 아파트가 있는 지역이 더 상위 지역이다.

가격은 거짓말을 하지 않는단다(물론 가격이 드물게 거짓말을 할 때도 있는데 그럴 때가 좋은 기회가 될 수도 있다). 만약 두 지역의 아파트를 공짜로 하나만 준다고 했을 때 어디를 갖겠다고 할지 자기 자신에게 물어본다면 어디를 상급지라고 생각하는지 답이 나온다.

한 예로 동탄은 아빠도 좋게 보는 지역 중 하나지만, 2021년 가을 무렵 동탄역 근처의 모 아파트 32평(84제곱미터)이 15억 원에 가까운 가격으로 실거래되었을 때 굉장히 의아스러웠던 기억이 난다. 동탄의 32평 아파트 가격이 15억 원이라는 이야기를 듣고, 나는 더 상급지인 판교나 분당의 아파트 가격과 거의 비슷해진 이유가 동탄 아파트에 거품이 꼈든지, 판교나 분당이 아직도 덜 올랐든지 둘 중 하나라고 봤다(그런데 당시 판교나 분당 아파트 가격은 이미 몇 년간 계속 상승해왔기 때문에 동탄 아파트 가격에 거품이 어느 정도 낀 것이라고 판단했다).

그래서 2022년 하락장에서 전고점 대비 많이 하락한 지역으로 심심치 않게 등장하는 곳이 동탄이다. 당장 실거래만 놓고 봐도 그렇다. 동탄 모 아파트의 32평이 2021년 8월 14일에 14억 5,000만 원(5층)에 거래가 이루어졌는데, 2022년 11월에는 8억 8,000만 원(15층)에 거래가 이루어졌다.

그런데 당시 부동산 카페에 올라온 글 중에는 동탄의 신고가를 놓고 이제는 분당이나 판교를 따라잡았다거나 이제 곧 뛰어넘을 것이라는 글들이 있었다. 하지만 누군가가 내게 '판교를 가질래? 동탄을 가질래?'라고 물어보면 당연히 판교를 선택할 것이었기에, 나는 두 지역 간 입지의 차이는 명백하다고 봤고 그 결과 지금 조정장에서 동탄이 더 많이 하락하는 모습을 보여준다고 생각한다.

그러니 두 지역 간 입지 차이가 명백한데도 가격이 점차 비슷해지고 있다면 어떤 이유로 입지의 역전이 일어나고 있는지, 혹시 한쪽 지역에 거품이 껴 있는 건 아닌지 잘 판단해야 한다.

셋째, 나는 이렇게 순위를 매기는 것을 좋게 보지는 않지만, 이런 순위표를 이용해 비슷한 지역의 아파트 단지들끼리 비교할 수 있다. 그리고 비교를 통해 어느 지역의 아파트 가격이 다른 지역에 비해 얼마나 비싸고 저렴한지 판단할 수 있다.

예를 들어 사람들이 보기에 A 지역이 B 지역보다 인프라나 일자리 측면 등에서 훨씬 상위 급지의 지역이라고 하자. 그런데 A, B 지역의 비슷한 입지에 있는 아파트 가격을 비교했을 때 B 지역의 아파트 가격이 A 지역보다 더 비싸다면, 이때는 B 지역에 거품이 낀 것이거나 A 지역 아파트 가격이 상당히 낮게 평가되고 있다는 것이다. 이런 판단 아래 투자를 고려할 수 있다.

아빠가 2021년 2월 무렵 평택 비전동의 한 아파트에 투자한 계기도 그와 같았단다. 내가 투자할 곳을 찾는 방법 하나는 각 지역의 젊은 인구수 및 세대수가 늘어나는 곳을 찾아보는 것이다. 젊은 인구수가 늘어난다는 것은 주변에 일자리가 늘어났다는 말과 거의 비슷하다고 보면 되기에 투자할 가치가 있는 곳이라고 판단할 수 있지. 또한 신축들이 많이 들어서는 신도시 규모의 택지지구에서도 인구가 증가하는데, 이 경우 일자리 증가는 없더라도 살기 좋은 신축 단지들이 주변 구도심의 인구들을 빨아들이기 때문이다.

그런데 2021년 2월 무렵, 평택은 인구수 및 세대수가 엄청나게 늘어나고 있었다. 그 이유는 아마도 평택에 짓고 있는 삼성의 반도체 공장들과 이미 입주한 다른 대기업들의 영향 때문이라고 생각했지. 그때까지 평택은 내 머릿속에서 고덕신도시, 삼성의 엄청난 투자 정도로만 인식되었고, 개인적으로 수도권 외곽이라 위험하다고 봤다. 혹시라도 하락장을 맞으면 크게 물릴 수도 있는 곳이라고 말이야.

게다가 삼성에서 높은 연봉을 받는 인재들이 주로 평택보다는 쾌적한 신도시인 동탄 쪽에 주로 거주하고 있기 때문에 평택은 크게 눈여겨보는 곳이 아니었다. 그렇지만 평택의 인구 증가 및 세대수 증가가 너무 커서 이 지역을 자세히 공부하지 않을 수 없었단다.

우선 평택의 인구수 및 세대수가 크게 증가한 이유로는 앞서 말했듯이 양질의 일자리가 증가하고 새로 지어지는 신축들이 많아서 주변 지역의 인구들을 끌어당겼다고 판단했다. 그런데 이곳은 고덕신도시를 비롯해 기타 여러 택지지구에서 동시다발적으로 입주가 이뤄져서 입주 물량이 매우 많은 편이었고, 이런 공급 과다 요인으로 아파트 가격이 전체적으로 많이 눌려 있음을 확인할 수 있었다. 오히려 가격이 계속 하락하고 있었지.

그럼에도 평택은 과도한 입주 물량의 시기를 지나 향후 공급이 조금씩 줄어드는 포지션을 취하고 있었고, 인구수 및 세대수는 계속 늘어나고 있었다. 무엇보다 몇 년간의 수도권 상승장 동안 평택은 계속 소외되어 있었기 때문에 가격 측면에서 다른 지역과 크게 벌어져 있었지. 그리고 향후 몇 년간은 여전히 공급 물량이 많다 해도, 늘어나는 인구 유입과 일자리를 통해 시장에서 소화할 수 있다고 판단했다.

당시 눈여겨보던 지역은 평택 시청이 있는 비전동이었다(보통 시청이 있는 곳이 구도심인데, 이런 곳이 보통 인프라 형성이 잘 되어 있다. 다만 평택 시청의 경우 추후 고덕신도시로 이전이 계획되어 있다고 한다). 그런데 이곳은 구도심으로 인프라가 훌륭하고 학군이 괜찮음에도 불구하고 그동안의 공급 물량 때문에 아직도 하락 및 정체 중이었다. 그렇지만 평택의 1급지라고 할 수 있는 고덕신도시가 조금씩 상승하기 시작했고, 평택이 이제 하락장을 어느 정도 지나며 바닥을 다지는 중이라고 판단했다. 또한 당시 임대차 3법으로 평택 구도심의 전세 매물 또한 씨가 마른 상황이었다.

게다가 무엇보다 놀라운 것은 비전동 아파트들의 놀라운 대지지분들이었다. 지분율이 매우 큼에도 불구하고 가격은 그동안의 공급 과다로 상당히 눌려 있었다.

바로 이때 지역별로 아파트를 비교하는 것이 투자 판단에 큰 도움이 된다. 당시 내가 최종적으로 투자를 진행한 곳은 비전동의 32평형으로만 이루어진 중층(15층) 아파트 단지였다. 비전동에서 이 아파트 단지보다 입지가 더 좋은 곳이 몇 군데 보이기는 했지만 최종적으로 이 아파트를 매수했던 이유는 몇 가지가 있었다.

첫째, 당시 나는 다주택자였기 때문에 취득세가 부담되어 공시지가 1억 원 이하에 맞는 아파트(취득세 1.1퍼센트)를 고르고 있었는데, 해당 아파트 매물이 마침 공시지가 1억 원 이하였다(사실 고덕신도시에 투자하고 싶었지만 취득세 13.2퍼센트가 너무 큰 부담이었다).

둘째, 대지지분 대비 가격을 계산해봤을 때 평당 가격이 매우 낮은 가격이라고 여겼다. 많은 투자자가 여러 지역 아파트 단지들의 가격 추이를 서로 비교하는데, 나는 가격의 추이가 아니라 '땅'의 가치와 가격을 비교하는 방법을 사용한다.

예를 들면 투자자들이 주로 사용하는 비교 방법은 비슷한 입지와 내재가치를 지닌 A, B, C 세 지역의 가격 추이를 나란히 놓고 비교하는 것이다. 그러면서 어느 순간 한 지역의 가격 그래프가 치고 올라갈 때도 있고 어떨 때는 한 지역이 과도하게 떨어질 때도 있다. 그런 것들을 살펴보며 이제는 어떤 지역이 올라갈 것이다, 어떤 지역에는 거품이 지나치게 꼈다 등을 판단하지. 하지만 나는 이 방법이 아니라 땅의 가치와 가격을 비교하는 방법을 이용한단다.

## 땅의 가치와 가격을 비교하는 방법

땅의 가치와 가격을 비교하는 방법은 다음과 같다.

예를 들어 내가 매수한 평택 비전동 모 아파트는 2001년식, 32평 아파트이고 대지지분은 약 26평이다. 당시 1억 6,200만 원에 매수했는데 아파트가 2001년식이다 보니 계산을 편하게 하기 위해 콘크리트 건물 가격은 없다고 생각하자. 이때 대지지분 한 평의 값을 계산해보면 약 623만 원(1억 6,200만 원÷26평)이라는 결과가 나온다.

그렇다면 이제 평택과 비슷하거나 평택보다 낮은 급지의 지역이라고 생각되는 곳에서 비슷한 연식의 아파트를 찾아 비교한다. 그중 평택 아파트 투자 당시 실제로 청주의 한 아파트 단지와 비교했던 예를 살펴보자.

청주 상당구 금천동 모 아파트는 1992년식으로 24평 아파트의 경우 대지지분이 약 7.7평이다. 가격은 당시 약 1억 원이었는데 마찬가지로 1992년식이니 콘크리트 건물값은 없다고 생각하고, 계산하면 한 평당 약 1,298만 원(1억 원÷7.7평)이 나온다.

두 아파트의 그동안 가격 추이를 살펴보면 평택 아파트 32평의 매매가가 청주 아파트 31평의 매매가보다 일정한 갭을 두고 늘 높았다. 이는 평택 아파트가 청주 아파트보다 더 상위 급지 아파트임을 의미한다. 즉 평택 아파트의 대지지분 가치가 청주 아파트의 대지지분 가치보다 더 높아야 하는데, 오히려 대지지분 가격이 낮게 평가된 것이다.

그렇기에 당시 나는 평택 아파트의 대지지분을 고려했을 때 1억 6,200만 원이라는 매매가는 엄청나게 저렴한 가격이라고 판단했고 바로 해당 매물을 매수했다.

이 비교 방법을 사용할 때는 비교할 지역 간 비슷한 입지를 찾아내는 것이 관건이다. 예를 들어 A 지역과 B 지역의 아파트 대지지분 평당 가격을 비교한다고 했을 때 비슷한 입지에 있는 아파트 단지를 비교해야 한다. 만약 A 지역 3급지 아파트와 B 지역 1급지 아파트를 비교해버리면 자칫 평당 가격을 잘못 비교할 수도 있기 때문이다.

앞서 내가 매수했던 평택 아파트 같은 경우는 평택시의 1급지가 아니다. 2.5~3급지 정도라고 할 수 있는데, 만약 청주의 1급지인 복대동이나 가경동의 아파트와 비교한다면 적절한 비교라고 보기 어렵다. 그래서 청주에서 2.5~3급지 정도에 해당하는 상당구 금천동의 아파트를 찾아 비교한 것이다.

그렇다면 각 지역에서 상급지와 하급지는 어떻게 판단할까? 위에서 계속 말했던 '가격은 거짓말을 하지 않는다'란 명제를 이용하면 된다. 만약 모 지역에서 아파트 단지들을 높은 실거래가 순서대로 나열해보고 싶다면 앞서도 이용했던 '아파트 실거래가' 앱을 활용하자. 그 지역 아파트 단지들의 실거래가를 기반으로 가장 비싼 단지부터 가장 낮은 가격의 단지까지 쭉 나오기 때문에 가격을 보고 상급지와 하급지 아파트들을 대략 골라낼 수 있다.

결론적으로 평택 모 아파트가 청주 모 아파트보다 더 상급지의 아파트인데도, 오히려 대지지분으로 계산했을 때는 한 평당 가격이 훨씬 저렴한 것을 파악할 수 있었고 이로써 자신 있게 매수할 수 있었다. 현재 그 평택 아파트는 2022년 10월에 이뤄진 실거래 가격이 2억 8,000만 원을 넘었고, 2023년 8월 기준 약간 조정을 받아 2억 4,700만 원에 실거래가 이루어졌다. 전세를 안고 매수했으니 2년도 안 되는 기간에 들어간 투자금 대비 꽤 괜찮은 수익률을 얻을 수 있었지.

아들아, 오늘 말했던 다른 지역과의 비교, 특히 땅의 가치와 가격을 통한 부동산 매수 방법이 나중에 네가 매수 판단을 할 때 도움이 되면 좋겠구나. 비교를 통해 가격이 비싼지 저렴한지 네 나름의 판단 기준을 세울 수 있으리라 생각한다.

· 4장 ·

Real Estate Lessons
from a Rich Dad

# 투자도 인생도
# 결국에는 태도다

## 화려한 포장보다 속이 들어찬 삶을 살아라

예전에 아빠가 근무했던 학교는 교통이 좋지 않은 외진 곳에 있었는데 주변에 오래된 빌라와 원룸이 많았단다. 점심시간이면 식사를 한 뒤 학교 주변에 외부 지도를 나가곤 했다. 그런데 원룸이나 오래된 빌라들이 가득 찬 곳에 왜 그렇게 외제 차가 많은지. 비율로 따지면 강남보다 더 많았던 것 같다. 심지어 당시 가격으로 몇억 원을 호가하는 슈퍼 카도 몇 대나 봤다. 설마 원룸에 사는 사람이 저 비싼 차를 소유했을 리는 없고 아마도 빌라 건물주가 그 차를 주차해 놨겠거니 했다. 그것도 아니면 실제로는 부잣집 자제인데 사정 때문에 원룸에 잠시 나와 산다거나.

나중에 알고 보니 건물주도, 부잣집 자제도 아닌 그저 그 원룸에 사는 사람들이 비싼 차를 리스로 구매해서 몰고 다닌다고 하더구

나. 아니면 수십만 킬로미터를 타고 이제는 굴러다니는 것이 신기할 정도로 낡은 외제 차를 싸게 사서 몰고 다닌다고 했다(이런 사람들을 이른바 '카푸어'라고 부른다).

자신의 행복과 만족을 위해 외제 차를 타는 사람들을 비난할 생각은 없지만 조금 안타까웠다. 외제 차를 보유하려면 수리비에, 기름값에, 보험료에, 이것저것 들어가는 돈이 한두 푼이 아닐 것이다. 게다가 그 차에 쏟은 돈은 차의 감가상각과 맞물려 계속 가치가 떨어지고 있다. 돈을 모아서 종잣돈을 만든 뒤 열심히 투자해서 경제적 부를 이루고 노후를 대비해야 할 중요한 시기에 외제 차를 탄다는 건 지금의 일시적 행복과 미래의 행복을 맞바꾸는 일이다.

## 아무리 화려하게 포장해도 속은 변하지 않는다

곰곰이 생각해보니 아빠도 어렸을 때 이와 비슷한 일이 있었단다. 아빠는 중·고등학교 때 유명 브랜드 옷들에 굉장히 집착했다. 집이 가난하다 보니 새 옷을 사러 갈 형편은 안 되었고, 어디서 브랜드 옷을 빌려 입거나 중고시장을 돌면서 옷에 붙어 있는 브랜드 마크만 보고 사곤 했지. 옷이 내게 어울리는지, 잘 맞는지는 신경도 안쓰고 사기도 했었다. 그때는 이름 없는 옷을 입으면 괜히 부끄럽고위축되었고, 어울리지 않음에도 브랜드 옷을 입으면 마치 내가 뭐라도 되는 듯 거들먹거리곤 했지.

그때는 왜 그랬을까? 나중에 생각해보니 브랜드 옷에 집착하던 어린 시절의 나는 실제로는 가난하고 내세울 것 하나 없던 내 진짜 모습이 부끄러워 감추고 싶었던 것 같다. 남들이 어떻게 나를 볼지 신경 쓰면서, 겉에 화려한 포장지를 씌워서 멋지고 잘나가는 사람처럼 포장하려고 했던 거야.

외제 차를 몰고 좋은 옷을 입으면 실제의 나는 그렇지 않은데 뭔가 성공한 것 같고 잘나가는 것 같고 자신감이 막 생기는 것 같지. 자신의 형편에 맞지 않게 외제 차를 타는 사람들의 표현을 빌리면 '하차감'이라고 하던가. 그런데 사실 이런 포장지는 허상일 뿐, 속에 있는 본질은 변한 게 없다. 내가 아무리 명품 옷을 걸쳐도 당시 가난했던 우리 집의 현실은 변한 것이 없었던 것처럼. 정말 중요한 건 속에 있는 알맹이였다.

이렇게 겉모습을 꾸미려는 현상은 내 생각에 자존감의 문제인 것 같구나. 앞서도 말했지만 어린 시절의 나는 실제로는 가난하고 형편이 어려웠는데, 그렇지 않은 친구들에게 내 모습을 들키기 싫어서 자꾸 나를 포장했다. 그리고 아무리 포장해도 한계가 있다 보니 나중에는 거짓말도 하게 되더라. 무리해서라도 좋은 브랜드의 옷을 입으며 점차 진짜 내가 아닌 남들에게 보이기 위한 삶을 살고 있더란 말이지.

하지만 자존감은 이미 무너질 대로 무너졌지. 자존감은 겉모습이 아니라 내가 생각하는 진짜 나의 모습을 스스로 긍정하는 데서 나

부자 아빠 부동산 수업

오는 것이니 말이야. 그러니 아무리 명품 옷을 입고 좋은 차를 타고 자신을 화려하게 포장한다고 해도, 그 안의 본질은 바뀌지 않기 때문에 자존감을 먼저 회복하는 게 중요하단다. 자신을 있는 그대로 바라보고 긍정하는 태도를 지녀야 한다.

## 자존감을 회복하고 본질을 가꿔라

그렇다면 지금 아빠는 어떨까? 마침 어제 네 엄마와 근처 백화점에 오랜만에 갔다. 화려한 핸드폰 케이스를 팔고 있는 매장이 있더구나(생각보다 많이 팔리고 있었다!). 네 엄마는 요새 이런 핸드폰 케이스를 안 하면 젊은 사람들이 아니라고 하면서, 우리가 쓰는 핸드폰 케이스는 아무도 안 할 것이라며 웃었다(그렇지만 아빠는 이제 마흔하나이고 엄마는 서른다섯밖에 안 되었다).

아마 예전이었다면 오래된 핸드폰과 낡아서 하얗게 닳아버린 핸드폰 케이스가 부끄러워 얼른 바꿨을 텐데 지금은 아무렇지 않더구나. 왜냐하면 지금의 나는 내 인생에서 무엇이 더 중요한지 알기 때문이야. 이제 나는 남들의 시선이나 생각은 별로 중요하지 않으며 내게 어떤 영향도 주지 않는다고 생각한다. 중요한 것은 나의 현재 상황과 미래 비전 그리고 미래의 꿈을 실현할 나의 계획과 실행이지. 남들이 내 겉모습을 어떻게 보든 상관없이 내 속의 본질만 잘 가꾸고 채워 넣으면 된다고 생각한다.

예전에 뉴욕에 배낭여행을 갔을 때 그곳에서 초등학교 친구를 만난 적이 있었다. 당시 20대 중반이었던 아빠는 제대 후 비행기값만 겨우 마련해서 뉴욕에 배낭여행을 갔었단다. 돈이 부족하다 보니 뭔가를 쇼핑한다거나 즐길 생각은 엄두도 못 냈다. 그저 명소들을 여기저기 구경하고 돌아다니면서 혹시 쇼핑하고 싶으면 아주 저렴한 아웃렛 등에 들어가서 옷을 한두 벌 사는 정도였다.

그런데 뉴욕에서도 5번가라고, 굉장히 화려한 명품 매장들이 모여 있는 곳이 있는데 여기를 구경하러 간 적이 있었다. 당시 가난한 한국 관광객이었던 내 눈에 그곳 사람들은 너무나 화려하고 멋있어 보였다. 반면에 내가 입은 옷은 너무 허름해 보여서 부끄러웠고 왠지 모르게 위축되기도 했지. 고급 매장에 들어가서 당당하게 구경해볼 생각은 감히 하지도 못했고 밖에서 슬쩍 보며 지나칠 뿐이었다.

그런데 그때 마침 미국에서 유학 중이던 초등학교 친구가 나를 만나러 뉴욕으로 왔다. 이 친구는 당시 미국의 유명한 사립대학교에 다니고 있었는데, 초등학교만 마치고 바로 유학 가는 바람에 정말 오랜만에 만났지. 꽤 유명한 기업의 기업주 아들로 재산만 따져도 몇백억 원이 있는, 나와는 비교도 안 되는 부잣집 친구였다.

친구는 나를 만나자마자 살 것이 있다며 나를 명품 매장으로 끌고 들어갔다. 그런데 친구 역시 관광객이던 나와 비슷하게 하얀색 반팔 티셔츠에 허름한 반바지를 입고 쪼리를 신고 나타났는데, 아무렇지 않게 명품 매장에 들어가는 것이었다. 그러고는 태연하게 비싼 명품들을 구경하고 직원에게 이것저것 요청하며 당당하게 행동했다. 그 모습을 보고 나는 중요한 것은 외면이 아니라 내면이라는 사실을 새삼 깨달았다.

그렇다. 중요한 것은 겉모습이 아니라 내 안의 자신감이란다. 생각해보자. 안에 한 푼도 없는 500만 원짜리 명품 가방을 들고 다니기보다는 1만 원짜리 가방을 들고 다니면서 통장에 1,000만 원이 있는 게 더 낫지 않겠니? 내가 실력이 있고 자산이 있고 능력이 있으면 두려울 게 없단다. 더 당당하게 행동하게 되고 자신감도 생긴다. 내게 없는 것을 화려한 포장지로 꾸며봤자 결국 허상일 뿐이다. 더 화려하게 포장하기 위해 점점 더 포장지에 돈을 써야 하고 때로는 거짓말까지도 하게 된다. 그러면 본질은 가꿔지지 못한 채 빈껍데기만 남게 되지.

아들아, 겉모습을 화려하게 가꾸기보다는 지금의 네 모습을 긍정하고 자존감을 잃지 않도록 내면을 가꾸거라.

목표를 세우고
당당하게
돈을 사랑하라

오늘 밤, 잠들기 전에 네게 재미있는 책들을 읽어줘야겠다는 생각이 문득 들었다. 그런데 평소에도 내가 읽어주기 조심스러운 책들이 있다. 바로 우리나라의 전래동화다. 아빠도 어릴 때부터 무수히 많은 전래동화를 읽고 자랐는데, 왜 그 책들을 잘 읽어주지 않는지 궁금하니? 바로 전래동화에는 부자들을 나쁜 사람으로 규정하는 내용이 많기 때문이란다. 전래동화를 읽어주면서 어린 네게 '부자는 악인이다'라는 생각을 심어줄까 봐 걱정됐기 때문이야.

## 부자에 대한 르상티망에서 벗어나라

많은 전래동화 속에서 부자들은 구두쇠이며 다른 사람들을 돕지 않는 악당으로 묘사된다. 그리고 그 밑에 있는 하인이나 도움이 필요한 힘없는 사람들은 선한 사람으로 묘사되지. 부자들은 가난한 사람들에게 곡식을 내주지 않았다고 악인으로 매도당하고, 나중에는 큰 벌까지 받는 내용도 심심치 않게 볼 수 있다. 그리고 사람들은 이를 권선징악이라고 부르지.

그런데 참 이상하다. 그런 전래동화를 읽으면 읽을수록 계속해서 의문이 생긴다. 왜 부자가 악인일까? 어떻게 부자가 되었는지 그 과정이 나와 있지도 않은데 말이다. 만약 권력을 이용해 남의 재물을 함부로 뺏었다면 분명 나쁜 사람이겠지만, 동화는 대체로 처음부터 "옛날에 한 부자가 살았는데, 매우 욕심 많고 나쁜 사람이었어요"로 시작한다. 무슨 근거로 부자를 악인으로 판단했을까? 게다가 욕심이 없는 사람이 있던가? 왜 사람의 본성을 무시하는 걸까? 왜 가난한 사람들에게 무조건 먹을 것과 재산을 내줘야 할까?

아빠 생각에는 전래동화에 부자에 대한 르상티망(ressentiment)이 많이 담겨 있는 것 같다. 르상티망은 강자에 대한 약자의 질투, 분노, 증오 같은 감정을 뜻하는 말이야. 예전에 네가 가난한 사람들에게 먹을 것을 주지 않으면 죄가 되느냐고 물어본 적이 있었지. 너는 먹지도 못했는데 줘야 하느냐고 말이야. 아빠도 그렇게 생각한단다. 힘들고 불쌍한 사람들을 돕는 것은 정말 아름다운 일이지만, 그렇다고 도와주지 않으면 죄가 된다거나 악인이라는 것도 이상하단 생각이 든다.

또한 동화 속 부자들은 왠지 모르게 멍청하고 음흉하며 이기적인 성격이다. 그리고 끝에는 반성하고 깨달음을 얻어 이웃에게 잘 베풀게 된다든지, 아니면 하늘로부터 크게 벌을 받는다. 나는 이런 식의 내용은 아이들의 경제 교육에 안 좋다는 생각이 든다. '돈'에 대해 부정적으로 여기게 만드는 요소들이 많아서 돈을 소중하게 여기지 않고 올바른 경제 관념을 심어주기가 어렵기 때문이다.

그래서 네게 전래동화를 읽어주는 것을 조심하게 되었단다. 그리고 정당하게 돈을 벌고 열심히 투자해서 부자가 되는 건 나쁜 게 아니라 아주 멋진 일이라고 말해주었지. 또 어렵고 힘든 사람들을 돕는 것은 칭찬을 받을 만한 훌륭한 일이지만, 그런 행동을 하지 않는다고 해서 악인이라고 부를 순 없다고도 말해주었다.

최근에는 어디서 최영 장군의 말을 배웠는지 네가 '황금 보기를 돌같이 하라'는 말을 듣고 와서는 황금이 귀한 것이 아니냐고 물었던 적이 있었다. 그래서 내가 "너는 황금이 생기면 돌같이 보고 버릴 생각이니?"라고 물었더니 너는 아니라고 했지. 나는 "황금은 귀한 것이지. 그게 있으면 필요한 걸 살 수 있고, 할 수 있는 것도 많아진단다. 그런데 왜 돌같이 봐야 할까?"라고 했다. 그랬더니 이제 겨우 여섯 살인 너도 이해가 안 된다고 하더구나. 그래서 나는 다시 이렇게 얘기해주었단다. 부정한 방법으로 황금을 얻을 기회가 생긴다면 그때는 황금을 돌같이 봐야 한다. 하지만 정당하게 투자해서 황금을 벌었다면 아주 소중하게 여기고 돌같이 볼 필요가 없다고 말이야.

부자 아빠 부동산 수업

## 자본주의 사회에서는 '돈 공부'를 해야 한다

아빠도 30대 중반까지는 돈에 대해 직접적으로 말하는 것이 좀 거북했단다. 돈에 관심 없는 척하고 돈을 좋아하지 않는 척했다. 돈보다는 다른 것에 더 가치를 두는 척했지. 돈이 얽힌 문제가 있으면 최대한 양보하고, 돈에 대해 말하는 것을 왠지 모르게 부끄러워했다. 지금 생각해보면 아마 어릴 때부터 돈에 대한 금기 혹은 부끄러움 등을 학습했기 때문이었던 것 같다.

아빠가 어린 시절에 너의 할아버지는 돈에 관해 이야기하는 것을 좋아하지 않으셨단다. 없는 형편(아빠는 지금까지 살면서 용돈이라는 것을 받아본 적이 없다)에 내가 아르바이트라도 하려고 하면 "너는 공부나 열심히 해"라고 하시면서 아르바이트를 못하게 하셨다. 당시 우리 집은 교사 외벌이에 자식이 셋이었는데 말이지. 아빠는 학원 한번 제대로 다녀보지 못하고 공부했단다.

할아버지는 아빠가 공부를 열심히 해서 좋은 대학, 좋은 직장에 가서 안정적으로 살기를 바랐다. 월급이 적더라도 안정된 직업을 최우선으로 보셨고 빚은 절대로 져서는 안 되는 나쁜 것이라고 가르치셨다. 그리고 돈 얘기를 하면 천박한 이야기라고 딱 자르셨지.

심지어 할아버지는 자녀(아빠, 고모, 삼촌)가 셋인데도 그 흔한 청약 하나 넣지 않고 돈을 모아 집을 사려고 하셨다(진짜 청약을 단 한 번도 넣지 않았다). 그나마도 집은 모두 할머니가 할아버지 몰래 가서 계약하고 오셨다. 집 사신 날, 할머니가 할아버지한테 엄청 혼나셨던 기억이 아직도 떠오른다.

할아버지의 엄청난 절약 정신과 가족을 위한 희생정신은 지금도 존경하지만 할아버지의 경제적 지식은 자본주의 사회에서 살아갈 만큼 충분하지 않았던 것 같다. 어릴 적 너무 가난했던 할아버지는 돈을 절약하실 줄만 알았지, 투자하는 건 생각조차 해보지 못하셨기 때문이다. 어느 정도로 절약을 하셨냐면 가족끼리 어딜 놀러 간다거나 외식하러 간 추억이 단 하나도 없을 정도다.

그런데 아빠가 살아보니 어릴 때 받았던 교육이 자본주의 사회에 필요한 교육이 아니더라. 예전에는 빚을 낸다고 하면 정말 큰일이 나는 줄만 알았다. 한번 빚을 내기 시작하면 또다시 빚을 내게 되고, 그러다 보면 언젠가는 패가망신한다고, 빚이란 정말 무서운 것이며 어떤 일이 있어도 빚을 내서는 안 된다고 할아버지께 배웠었다.

그런데 빚도 좋은 빚과 나쁜 빚이 있단다. 만약 좋은 자동차를 사기 위해 빚을 내면 이는 나쁜 빚이다. 자동차는 계속해서 감가상각이 될 뿐만 아니라 계속 내 돈(보험료, 기름값, 부품비 등)이 추가로 들어가기 때문이지. 그런데 빚을 내서 부동산을 샀다고 해보자. 좋은 입지의 부동산은 시간이 지날수록 자산 가치가 상승한다. 게다가 빌린 돈은 나중에 갚을 무렵이 되면 그때는 인플레이션의 영향으로 가치가 떨어진 돈으로 갚으면 되니, 이 경우는 좋은 빚이라고 할 수 있지. 즉 만일 네가 좋은 입지에 있는 부동산을 사면서 주택담보 대출을 받았다면, 이런 빚은 두려워할 필요가 없다는 것이다(물론 대출은 양날의 검이니 꼭 너의 현재 상황을 파악하고 감당할 수 있는 선에서 이용해야 한다).

그런데 매달 갚는 이자가 아까워서, 대출을 받는다는 사실이 두려워서 돈을 빌리지 않고 모아서 집을 사겠다고 생각한다면, 정말이지 너무나 안타까운 일이다. 자본주의 사회에서 꼭 필요한 경제 공부를 전혀 받지 않은 것과 같다.

## 소비가 아닌 투자를 배워라

그래서 나는 네가 어릴 때 투자에 대해 가르쳐주고 싶구나. 아빠가 고등학교에서 학생들을 가르치면서 보니 상당히 많은 학생이 투자가 아닌 소비만을 배운 것처럼 행동하더라.

물론 소비는 달콤하면서도 즐거운 것이라서 학생들도 늘 새로운 핸드폰에 열광하고 비싼 옷에 환호한다. 상당히 많은, 아니 대다수 부모가 아이들에게 소비에 대해서만 가르치고 그저 학교에서 공부만 잘하기를 바란다. 옷 사주고, 핸드폰 사주고, 학원 보내주고, 용돈 주고, 외식하며 말이다(이렇게까지 해주는데 왜 아이들이 공부를 안 하냐고 하면서 말이야).

하지만 이렇게 소비만 배우다 보니 아이들은 소비에만 익숙해지더라. 나는 아이들이 어릴 때부터 소비보다는 투자를 배워야 한다고 생각한다. 때로는 욕망을 참을 수도 있어야 하고, 절약해 모은 돈으로 투자하는 방법도 배워야 해.

무엇보다 돈의 소중함에 대해서 아이들이 자신의 솔직한 마음을 긍정했으면 한다. 다행히 너는 부자가 되고 싶다고 했지. 내가 부자가 되면 무얼 할 거냐고 물어보니, 어린이집 안 가고 아빠 직장 안 보내고 계속 같이 놀고 싶다고 했다(나도 정말 바라는 바다). 나는 그런 자유로운 시간을 갖고 싶다면 너 대신 일해줄 돈이 필수적이라고 알려줬지.

며칠 전 너와의 대화 내용을 다시 떠올리며 적어봤다.

**아들**　(마트에서 장난감 로봇을 가리키며) 아빠, 나 저거 갖고 싶어.

**나**　어? 저거? 그런데 저 로봇은 무엇으로 사야 할까?

**아들**　돈으로 사지.

**나**　(장난기 어린 목소리로) 너 돈 있어?

**아들**　아니, 난 돈 없는데⋯. 아빠가 사줘. (꼭 이럴 때는 뽀뽀를 하며 애교를 부린다.)

**나**　아들, 그런데 저 로봇 말이야. 아빠 돈으로 산다고 하자. 혹시 나중에 필요 없어져서 팔게 되면 그때는 돈을 더 받고 팔 수 있을까? 아니면 지금 산 가격보다 더 싸게 팔아야 할까?

**아들**   (고민하다가) 더 싸게 팔아야 할 거 같은데?

**나**   그러니까 말이야. 저런 장난감들은 산 순간부터 가격이 떨어진단다. 이미 썼으니까.

**아들**   그러겠네.

**나**   그런데 사서 썼어도 계속 값이 오르는 것이 있단다. 그게 뭔지 아니?

**아들**   뭔데?

**나**   바로 살기 좋은 곳에 지어진 아파트야. (아들이 좀 더 크면 아파트가 가진 땅의 개념을 가르쳐야겠다!) 봐봐. 여기 아파트는 마트가 바로 옆에 있으니까 엄청 편하겠다. 그리고 바로 옆에 애들이 다니는 초등학교도 있고.

**아들**   응.

**나**   이렇게 편하니까 사람들이 계속 여기서 살고 싶지 않을까?

**아들**   맞네.

**나**   그러면 사람들이 서로 여기 살겠다고 하면 아파트값은 어떻게 될까?

**아들**   음. 오르겠지?

**나**   그럼 아까 로봇이랑 달리 이 아파트는 사서 쓰더라도 가격이 계속 오르는 거네. 그리고 이건 꼭 알아둬야 해. 아빠가 갖고 있는 돈은 은행에서 지금도 계속 찍어내고 있어. 찍어낸다는 말은 돈을 만들어서 여기저기 보내준다는 거야. 뭔가가 많아지면 그건 가치가 어떻게 될까?

**아들**　가치가 떨어지지.

**나**　그러니까 말이야. 돈은 계속 은행에서 만들어내니까 시간이 지날수록 가치가 계속 떨어지지. 그래서 돈을 모아서 이렇게 살기 좋은 곳의 아파트로 바꿔놓으면 좋겠다. 여기는 사람들이 계속 살고 싶어 하는 곳이어서 가격이 오를 수 있으니까.

**아들**　진짜 그러네. 그럼 우리 아파트 많이 사놓자.

　아들아, 아빠는 돈을 정말 많이 사랑하고 돈이 너무나 귀하고 소중하단다. 돈이 있어야 아파도 좋은 치료를 받을 수 있고, 행복한 경험도 많이 할 수 있으며, 너와의 추억도 많이 만들 수 있기 때문이야. 앞으로도 네가 돈의 소중함에 대해 더 당당하게 말할 수 있도록 그리고 그 귀한 돈을 투자로 잘 벌 수 있도록 최선을 다해 가르칠 생각이다.

# 성공을
# 자랑하지 마라

아들아, 오늘은 투자하다 보면 사람들 사이에서 겪을 수 있는 몇 가지 힘든 일들을 이야기해주려고 한다. 아빠도 겪었고, 많은 투자자가 그런 일들을 겪었을 거야. 모르고 겪기보다는 미리 알고 대처할 수 있도록 네게 미리 일러주고자 한다.

## 성과를 드러내지 말고 끝까지 살아남아라

사람이란 본능적으로 과시욕이 있어서 어느 정도 성과를 내면 작든 크든 자만하게 되고, 남들에게 드러내 보이며 자랑하고 싶어 한단다. 투자도 마찬가지야. 부동산 투자로 어느 정도의 성과를 내면 투자 카페에 성공담을 올리고, 자신의 실력이 최고인 양 자만하곤 하지. 그리고 그 성공이 모두 내 노력과 능력으로 이뤄졌다고 생각하면서 나보다 못하는 사람들을 보면 답답해하기도 한다.

가장 주의해야 할 점은 어느 정도 거둔 성과에 자만해서 자기 능력 이상으로 투자를 확장해나가는 것이다. 더 큰 수익에 목말라하고, 다른 사람과 비교하면서 보유한 물건의 개수를 늘리는 데 집착하기도 하지. 그러면서 자신을 과신하는 마음도 커진다. 그러다 보면 가장 최악의 수를 두기도 하는데, 무리하게 대출을 받고 이익 대비 과도한 리스크에 베팅하는 것이다.

자신은 절대로 그렇지 않다고 생각해도, 막상 몇 년 동안 수익의 단물에 취하고 계속 성공을 맛보면 자기도 모르게 과신의 수렁에 빠지고 만다. 아빠도 어느 정도 부를 이뤘을 때 남들에게 성과를 자랑하고 싶어 했다. 남들이 내 성공을 알아봐 주기를 바랐으며 나보다 못해 보이는 것 같은 사람들을 무시하고 더 뛰어난 사람들은 질투했다.

내가 거둔 성과보다 더 큰 성과를 거두고 있는 사람들을 보면 조바심을 냈고, 재개발이나 재건축에 수억 원대의 프리미엄이 붙은 것을 보고 욕심이 나서 리스크를 고려하지 않고 무작정 덤비기도 했다. 어떤 상황인지 정확히 알지도 못하면서 재개발 해제 구역이었다가 다시 재개발을 추진하고 있는 곳에 베팅하려고 하지 않나, 무작정 노후도만 보고 빌라를 사놓으려고 하질 않나, 앞으로 나아갈 과정이 구만리인데 장밋빛 전망만 보고 현재 사업 단계에 맞지 않는 큰 프리미엄을 주고 개발 예정지에 들어가려고 하질 않나, 오래된 빌라 소액 투자면 분석도 하지 않고 무작정 사서 묻어두려고 하질 않나. 지금 생각하면 절대 하면 안 될 어리석은 행동들인데 당시에는 그랬다.

그러다 어느 순간 부동산 투자의 세계에 깊이 들어가면 들어갈수록 내가 모르는 더 오묘하고 큰 세계가 있다는 것을 깨달았다. 무엇보다 여기저기 내 성공을 떠들어봤자 알아주는 사람은 없으며, 오히려 고수의 무시를 받고 하수의 질투를 받으니 아무런 이익이 없다는 사실을 알았다. 또 세상에 고수는 많으며 결국 투자의 세계는 끝까지 살아남는 게 중요하지, 중간중간 성공을 자랑하는 건 아무것도 아니라는 사실도 알게 되었다.

특히 어설픈 지식으로 남을 가르치려는 것도 문제지만, 내가 남보다 더 많이 알고 이렇게 치열하게 노력했으며 이러이러한 성과를 거뒀다는 식의 자만은 더 큰 문제였다. 내가 이런 이야기를 하는 이유는 너는 이런 과정을 거치지 않았으면 해서다. 부디 이 단계를 현명히 넘어가길 바란다.

조그만 성과에 고무되어 여기저기 떠벌리지 않고, 평온한 마음으로 묵묵히 내가 이루고자 하는 길을 간다면 예전에 비해 한 단계 더 성숙했다고 보면 된다. 세상은 넓고 고수는 많음을 명심하고, 결국 거친 파도가 몰아치는 투자의 세계에서 끝까지 살아남는 게 정말로 중요함을 꼭 마음속 깊이 새기거라.

진정한 고수는 절대로 자신을 드러내지 않는다. 게다가 그렇게 자신을 드러내고 자랑하던 사람들 중에 한순간의 파도를 이기지 못해 그동안 얻은 이익을 모두 날리고 파산한 이들도 부지기수다. 늘 겸손하고 매사 조심해야 한단다.

## 나의 투자를 그 누구에게도 알리지 마라

아들아, 투자는 정말 '조용히' 해야 한다. 입 밖으로 내면 복이 달아난다는 옛말도 있다. 가장 큰 문제는 사람들의 존경을 얻는 게 아니라 시기와 질투를 얻는다는 데 있다. 시기와 질투를 얻어 좋을 건 없겠지. 게다가 누군가 내 말을 듣고 따라 투자했다가 만족할 만한 이익을 얻지 못했다면 그 원망은 어떻게 감당할 수 있을까?

투자를 결심한 데는 다 이유가 있을 것이다. 월등한 대지지분, 훌륭한 입지, 교통 호재, 근처에 새로 생기는 양질의 일자리, 재건축, 재개발 등의 개발 호재 등. 그런 이유를 분석해서 투자를 결심했으면 과감히 자신을 믿고 열매가 무르익을 때까지 느긋하게 기다릴 줄 알아야 한다.

그리고 그 투자는 누구에게도 알리지 않고 조용히 간직해야 한다. 심지어 성과를 냈을 때도 과거의 성공적인 투자로서 내 안에만 간직하고 다른 사람에게는 알리지 말아야 한다. 알려봤자 오늘 한턱내라는 말밖에 더 듣겠니?

우리는 모두 돈을 벌고 싶다. 돈을 벌고 싶지 않은 사람은 없다. 다만 그 과정과 방법에 차이가 있는 것뿐이지. 공통의 목표를 지닌 사람들 틈에서 투자를 떠벌리고 다니는 사람이 있다면 아마도 2가지 이유 때문일 것이다. 주위 사람들에게 자신의 성공적인 투자를 알려서 강의나 책 출간 등으로 더 큰 이익을 얻고자 하거나 아니면 모자란 사람이거나. 둘 중 어떤 이유라도 네게 도움은 되지 않는단다. 그러니 절대 남들에게 자랑하지 말고 가슴속에 깊이 묻어두거라. 자랑한다고 해서 얻는 것은 하나도 없다.

오직 너와 네 아내, 이렇게만 알고 투자를 진행해라. 정말 좋은 마음으로 네 성공을 빌어주는 사람은 결국 부모밖에 없단다(요즘은 부모들도 자식과 돈 때문에 사이가 벌어지고 인연을 끊는 경우도 허다하다. 이런 일도 결국 누구는 돈이 있고 누구는 없기 때문에 발생하는 것이다. 차라리 다들 없거나 비슷하게 있으면 이런 다툼은 벌어지지도 않을 것이다).

누구나 시기심이 있고 질투심이 생길 수 있다. 그나마도 동등한 위치에 있는 사람이라면 네 성공을 축하해줄 수 있겠지만, 너만이 쟁취한 성공이라면 아직 성공하지 못한 사람들은 대부분 너를 시기할 것이다. 그러니 투자해서 돈을 벌었어도 절대 자랑하지 말거라. 팔고 나서 네 통장에 돈이 들어와야 수익이 실현된 것이며, 팔기 전까지는 사이버머니에 지나지 않음을 명심해라.

굳이 투자를 어디에 했다, 얼마를 벌었다 하는 이야기를 주변 사람들에게 해서 얻는 것이 무엇일까? 질투 어린 시선과 때때로 밥과

술을 사라는 요구밖에 더 있을까? 그마저도 사지 않으면 돈 벌었는데도 쩨쩨한 놈이란 소리를 들을 것이다. 네가 아끼고 모은 돈을 밤새 고민해서 투자해 힘들게 돈을 모았는데도 다른 사람들은 그렇게 생각하지 않는단다. 쉽게 번 돈이라 생각하고 너의 노력은 인정해주지 않는다.

나 역시 그랬다. 내가 노력하기 전까지, 무엇인가를 이루기 전까지 투자자들을 투기꾼으로 치부하면서 운 좋게 돈을 벌고 시장 질서를 왜곡시키는 사람으로만 봤다. 그런 사람들 때문에 나라가 흔들린다고 생각했고 정부에서 그들을 때려잡기를 바랐다. 그러나 내가 투자해보니, 결코 쉬운 것이 아니었다. 인플레이션에 맞서 내 자산을 지키기 위한 고되고 힘든 과정이며, 집값 하락이라는 리스크를 감수하는 것이었다. 그렇기에 이익을 얻을 자격이 있는 것이다.

이런 과정을 다른 사람들은 절대로 알아주지 않는단다. 투자자는 고독하다. 대중을 따라가서도 안 되며 자신만의 투자 철학을 갖고 누구에게도 알리지 않은 채 이익을 실현해나가야 한다. 한 번 더 강조해서 말하마. 복은 입으로 나간다.

네 할머니가 알고 지내셨던 분 중에 강남 부자들이 몇 분 있단다. 하루는 어떤 분이 할머니에게 하소연했다고 한다. 사연인즉슨 큰아들이 자신에게 욕을 했다는데 그것도 'XX년'이라고까지 했다는 것이다. 자세히 들어보니 이 부자 할머니가 자산이 몇십억 원인데, 이제 재산을 정리해야 해서 자녀들에게 조금씩 재산을 나눠 주고 있었다.

그런데 큰아들 내외는 부부가 많이 노력하기도 했고 때를 잘 만나 자산을 잘 일구어 상당히 잘살고 있었다. 그런데 둘째 아들은 공부를 잘하지 못했고 사업도 몇 번 말아먹어서 집에 있는 돈도 꽤 까먹었다고 한다. 그래서 큰아들에 비하면 많이 못사는 편이란다 (물론 그분의 기준으로 못사는 것일 수도 있다). 둘째가 형을 시기하고 질투하고 있어 사이가 무척 안 좋고, 어머니가 보기엔 둘째가 안타까워 재산을 좀 더 챙겨주었더니 큰아들이 그 사실을 알고 불같이 화를 내면서 저런 욕까지 했다는 것이다.

흔한 재산 싸움 같아 보이지만 사실 아주 중요한 문제다. 가족들 사이에도 이렇게 시기와 질투가 난무하는 게 사람이다. 그런데 가족도 아닌 남들에게 자신의 성공과 자산을 자랑하면 어떻게 될까? 네게 좋은 교훈이 되었으면 좋겠구나.

내 삶은
내가 통제할 수
있어야 한다

아빠는 아침마다 정해진 시간에 출근하는데, 7시면 비교적 이른 시간임에도 지하철은 출퇴근하는 사람들로 바글바글하다. 막 들어오는 지하철을 타기 위해 아침부터 강남역 환승 구간을 엄청난 속도로 달려가는 사람들도 심심찮게 보곤 한다. 아빠는 아침마다 늘 궁금했다. 이 사람들은 무엇을 위해 이렇게 매일 아침 정해진 시간에 일어나 출근하는 걸까? 그 많은 직장인 중에 자신이 좋아하는 일을 하면서 자아실현을 하기 위해 나오는 사람은 몇이나 될까?

## 외부의 규율과 통제에서 벗어나 원하는 삶을 추구하라

아들아, 어쩌면 우리의 삶은 어릴 때부터 규율과 통제의 연속인지

부자 아빠 부동산 수업

도 모르겠구나. 어릴 때는 어린이집에 가서 규칙 속에 사회생활을 시작하고(보통 어린이집에 아침 9시부터 오후 5시까지 있으니 두세 살 된 어린 아기들도 어릴 때부터 조직 생활을 배우는 셈이지) 좀 크면 유치원에 가지. 그러다 곧 초등학교에 가고 중학교와 고등학교를 거쳐 대학교를 졸업하고 회사에 취직한다. 그리고 그 모든 과정에서 자신이 속한 조직의 규율과 통제를 따른다.

그러면 사람들과의 관계는 또 어떨까? 네 맘에 드는 사람들과만 만나서 같이 일할 수 있는 가능성은 거의 제로에 가깝단다. 어쩌면 네 직속 상사가 폭언과 괴롭힘을 일삼는 사람일 수도 있다. 그러나 대부분 사람은 어렵게 들어간 회사인만큼 아무리 힘든 인간관계일지라도 참고 또 참으며 조직 속에서 순응하며 살아간다.

그러다 어느 날 문득 이런 생각이 떠오르지. 인생은 왜 내 마음대로 되지 않을까? 언제까지 내 삶의 주인이 아닌 노예로 살아야 하는 걸까? 지금까지 살아온 날들을 돌아보며 정작 자신을 위해 산 날들은 별로 없었다는 걸 깨닫는다.

다시 돌아와서 생각해보자. 대부분 사람이 일자리를 갖기 위해 노력하고, 일자리를 얻으면 회사에서 정한 규율에 따라 일하는 이유가 무엇일까? 바로 먹고살 돈이 아닐까? 돈이란 결과물을 다달이 월급 혹은 성과금으로 받기 위해 청춘을 바쳐 회사에 충성하는 것이다. 돈이 있어야 먹고 싶은 것을 먹고, 즐기고 싶은 것도 누리고, 최소한의 인간다운 삶을 영위할 수 있기에 매일 출근해서 조직의 통제를 받으며 일하는 것이 아닐까 생각한다.

아빠는 이렇게 매일 아침 출근해서 늘 같은 일을 반복하고, 매달 월급을 받아 생활을 영위하다가 50세가 넘어가면 자의적이든 타의적이든 은퇴를 준비하고, 점점 늙어서 결국 어느 병원의 침대에 누워 죽는 것이 과연 내가 진정 바라는 삶인가에 대해 의문을 품었단다. 내가 정말로 바라는 것은 무엇인지, 내가 바라는 삶을 살려면 어떻게 해야 하는지 고민했다.

고민 끝에 나온 결론은 내가 정말로 바라는 삶은 나만의 시간을 방해받지 않고 온전히 누릴 수 있는 삶이라는 것이다. 즉 하고 싶은 일을 마음대로 할 수 있는 시간의 자유를 갖는 것 그리고 먹고살 돈을 벌기 위해 하기 싫은 일을 억지로 해야 하는 것으로부터의 해방이었다.

매일 읽고 싶은 책을 읽으면서 머릿속에 떠오르는 글을 마음 편히 적는다거나, 바다를 바라보며 좋아하는 음악을 듣는 등 시간의 자유를 누리고 싶었다. 그리고 돈을 벌기 위해 내키지 않는 일을 억지로 해야 하는 고통에서 벗어나고 싶었다. 지금 하는 일이 정말 내가 하고 싶었던 일인지 늘 고민했다. 나를 통제하는 조직에서 벗어나 자유로운 나만의 시간을 갖는 것이 나의 꿈이었다.

아들아, 그러려면 결국 돈이 필요했다. 그리고 돈을 벌기 위해서는 투자를 해야 했다. 투자자가 되어 어느 정도 자산을 일구고, 힘들게 일하지 않아도 돈이 돈을 벌어오는 현금흐름이 창출되면 내가 바라는 온전한 자유를 얻을 수 있다고 여겼다.

아빠가 굳이 이 이야기를 하는 이유는 네가 회사의 월급쟁이가 되어 한 달, 한 달 만족하며 살다가 어느새 나이 먹고 노후를 고민하는 그런 삶을 살지 않기를 바라기 때문이다.

하지만 하고 싶은 대로 산다고 해서 사회의 규칙을 어기고, 매일 늦잠을 자며, 밥도 아무렇게나 먹고, 청소도 하지 않고 무절제하게 산다는 게 아니다. 내가 정말로 하고 싶은 것을 찾고, 하고 싶지 않은 일은 안 해도 되며, 만나고 싶지 않은 사람과의 관계도 과감히 끊을 수 있는 등 내가 내 삶의 주인이 되어 즐겁게 사는 것을 말한다.

사실은 모두가 이런 삶을 꿈꿀 것이다. 그리고 이런 삶은 누구에게나 쉽게 허락되지 않는다. 그런 삶을 누리기 위해서는 지금 갇힌 틀을 깨고 나갈 수 있는 치열한 노력과 도전 정신이 필요하다.

## 투자는 내 삶을 통제하는 가장 좋은 방법이다

어제는 좀 안타까운 소식이 있었다. 네 엄마가 오랫동안 준비하던 직무 선발 시험에서 0.6점 차이로 아쉽게 떨어졌단다. 엄마의 면접 점수는 월등하게 높았지만 경력 점수에서 낮은 점수를 받아 떨어진 거란다. 대부분 경력 점수가 26점 만점인데, 네 엄마는 14점 정도였으니 점수 차이가 얼마나 컸는지 알겠지?

아빠는 안타깝기도 했지만 이 소식을 듣고 가장 먼저 떠오른 것이 내가 내 삶을 통제할 수 없는 현실에 관한 생각이었다. 생각해보렴. 이번 선발 시험의 경우 엄마가 통제할 수 있는 것은 면접시험이었다. 면접시험은 여러 문제가 나오는데, 그 문제에 대해 알고 있는 것을 대답하면 돼서 시험과 관련된 여러 문제를 열심히 공부하고 생각하면 충분히 대비할 수 있다. 즉 노력에 따라 결과를 어느 정도 통제할 수 있다는 말이다.

그런데 경력 점수는 말 그대로 오랫동안 일한 사람에게 높은 점수를 주겠다는 것이므로, 네 엄마처럼 경력이 적다면 뒤집기가 불가능하다. 한마디로 노력해서 통제할 수 있는 부분이 아니란 것이다. 그래서 아빠는 네 엄마가 선발 시험에 떨어진 게 그렇게 화가 나거나 기분 나쁘지 않았지만 스스로 통제할 수 없는 경력 점수가 합격의 당락을 갈랐다는 것이 화가 났다. 내가 내 삶을 통제할 수 있는가? 아니면 통제를 받아야만 하는가? 이 질문은 우리에게 정말 중요한 문제다.

우리 인간의 삶은 어쩌면 굉장히 짧다. 요즘은 의료 기술이 발달해서 짧게는 60세, 길게는 100세 시대라는데, 그 시간 동안 아프지 않고 사는 것만도 성공한 삶이라고 할 만큼 병원에 가면 아픈 사람들이 많다. 교통사고 같은 불의의 사고로 죽은 사람들도 부지기수다. 그러니 어쩌면 '인간의 생은 고(苦)'라는 말이 맞을지도 모른다. 이런 삶이니만큼 고통 없이 사는 매 순간이 축복이고 행복이 아닐까? 지금 이 순간을 즐겁게 살고 스트레스를 피하며, 내가 하고 싶은 것을 즐기며 살아야 한다.

무엇보다 내가 내 삶을 통제할 수 있어야 한다. 남에게 통제를 당하면 누군가로부터 싫은 소리를 들을 수밖에 없고, 남들의 지시를 따라야 하며, 때로는 원치 않는 사람과 매일 맞닥뜨리며 일도 해야 한다. 그 순간순간이 스트레스고 그래서 온갖 병을 안고 괴로워하며 직장 생활을 하는 사람들이 너무나 많다.

이게 우리가 원하는 삶일까? 아빠는 아니라고 본다. 당장 이번 선발 시험만 봐도 네 엄마가 노력해서 통제할 수 있는 현실이 아니었다. 그래서 많은 사람이 자신의 삶을 통제하기 위해 돈을 벌고 싶어 한다. 돈이 있어야 그런 삶이 가능하기 때문이다. 회사를 때려치우고 싶어도 이를 악물고 다시 나가는 것은 돈을 벌지 않으면 자립하기 어렵고 가족을 부양하기 어렵기 때문이다. 돈이 있다면, 즉 경제적 자유가 있다면 내가 내 삶을 통제할 수 있는 선택지가 많아질 것이고, 삶의 조건도 더 나아질 것이라고 단언한다.

게다가 노력에 따라 성과를 낼 수 있는 투자야말로 내 삶을 내가 통제할 수 있는 가장 좋은 방법이 아닐까? 생각해보면 모든 투자의 책임은 나 자신에게 있다. 예를 들어 비트코인이 한창 미친 듯이 오르고 있을 때, 당연히 아빠는 정상적인 현상이 아니라고 봤고 그 정도의 가치가 없다고 여겨서 추격 매수하지 않았다. 물론 잘 알지도 못하는 영역이니만큼 귀중한 돈을 섣불리 투자하는 것은 아니라고 여겼다. 만약 그때 비트코인이 더욱더 올랐다면 투자하지 않아서 얻지 못한 수익은 온전히 나의 책임이다.

그런데 그때 더 오를 것이라고 생각해서 비트코인에 들어간 사람들은 비트코인이 거품의 정점을 찍고 엄청나게 하락했다면(실제로 엄청나게 하락하기 시작했다) 투자금의 상당 부분을 날렸을 것이다. 이 역시도 그들의 책임이다. 내가 내 돈을 가지고 어디에 투자할지 스스로 판단하고 그 결과에 대해 내가 온전히 책임지니, 어쩌면 투자야말로 내가 내 삶을 통제할 수 있는 주요한 방법일 수도 있겠다.

그래서 아빠는 어제 새삼스레 경제적 자유에 대해 또다시 생각해봤다. 내가 왜 투자 공부를 하고, 투자처를 찾고, 투자 결정을 내리는지 다시 한번 명확하게 알게 되었다. 나는 내 인생을 스스로 통제하면서 살고 싶다. 원치 않는 사람들과 군이 얽히면서 인생을 보내고 싶지 않고, 하기 싫은 일(특히 아무 의미도 없는 단순하고 반복적인 일)을 억지로 하고 싶지 않다. 도대체 언제 그리고 누가 만들었는지도 모르는 이상한 규정 같은 것들에 얽매여 살아가고 싶지 않다(그렇다고 사회의 정해진 규정을 어기면서 살아가라는 것은 아니다. 오해 없길 바란다).

너도 네 인생을 통제하는 주체가 누가 되어야 하는지 곰곰이 생각해보길 바란다.

절약으로
스스로를 단속하라

아들아, 10퍼센트 수익을 낼 수 있는 가장 쉬운 방법을 아니? 바로
10퍼센트 아껴 쓰는 것이다. 아껴 쓰는 것은 어떤 투자보다도 수익
을 내기 쉬운 방법이다. 그리고 모든 투자는 종잣돈을 모으는 데서
시작하는데, 종잣돈을 모을 때 반드시 거쳐야 하는 과정이 바로 절
약이다. 절약을 통해 종잣돈을 빨리 모을수록 그만큼 더 빨리 투자
를 시작할 수 있고, 이때 형성된 절약 습관은 평생 도움이 된단다.
그래서 아빠는 투자의 첫 시작이 절약이라고 감히 말하고 싶구나.

## 돈을 허투루 쓰지 않겠다는 마음가짐의 중요성

우선 절약에서 가장 중요한 것은 돈을 절대로 헛되이 쓰지 않겠다는 굳은 마음가짐이다. 그리고 같은 미래를 바라보며 한마음으로 절약할 수 있는 배우자를 만나야 한다. 절약은 누구나 쉽게 말할 수 있지만 막상 실행할 수 있는 사람은 몇 없다. 그 정도로 힘들고 어려운 것이란다.

다행히도 아빠와 엄마는 처음부터 10년 후, 20년 후를 내다보고 당장의 고통을 참아내며 장밋빛 미래를 위해 노력하기로 했다. 그래서 결혼하고 너희를 낳아 기르는 동안 둘이 엄청나게 노력하면서 절약했고, 그 돈을 모아 투자를 했다. 다행히 투자의 결실을 어느 정도 맺어서 지금은 하고 싶은 것이 있다면 할 수 있는 여유가 다소나마 생겼다.

그래도 돈을 헛되이 쓰지 않겠다는 마음가짐은 지금도 확고하다. 우리 가족에게 추억과 행복을 줄 수 있는 것이 아니면 절대 함부로 돈을 쓰지 않는단다. 그리고 돈을 아낄 수 있으면 여전히 잘 아끼고 말이야. 다만 극단적으로 절약했었던 예전과는 달리 이제는 너희와 엄마와 함께 여행도 다니고 맛있는 곳에 가서 식사도 하며, 양가 부모님들께 맛있는 것도 대접하고 여행도 가고 있단다.

## 아빠와 엄마의 실제 절약 사례들

아빠와 엄마가 종잣돈을 모을 당시의 절약 사례들을 적어보았다. 읽어보고 네가 마음속에 느낀 바가 있었으면 좋겠다.

부자 아빠 부동산 수업

## 교통

나는 지하철로 출퇴근하는데 무조건 지하철 정기권을 사용한다. 정기권은 한 달에 60번씩 지하철을 탈 수 있는 카드인데, 버스와 환승이 되지 않기 때문에 일반 교통카드보다 훨씬 싸다. 정기권으로 절약하는 돈이 매달 몇만 원은 되고, 1년이면 꽤 큰돈이 된다.

그리고 카드나 현금 없이 정기권 하나만 들고 다닌다. 무엇보다 이렇게 정기권만 들고 다니면 카드나 현금이 없다 보니 혹시 모를 물욕이 생기는 것을 막아줄 수 있다. 그래서 나는 결혼하고 이제까지 정말 몇몇 경우를 제외하고는 직장에 다닐 때 단 한 번도 카드나 현금을 사용한 적이 없다.

이것이 생각보다 중요한 이유는 습관을 만들어주기 때문이다. 예를 들어 점심시간마다 나가서 커피 한잔을 마시는 사람은 이 행동이 습관이 되어 끊기가 어렵다. 그러나 나는 아예 카드와 현금을 들고 다니지 않아서 돈을 쓰지 않는 것이 습관이 되었고 덕분에 돈을 절약할 수 있었다. 참고로 지금도 나는 정기권 하나만 들고 출퇴근한단다.

엄마는 용인에 있는 직장 때문에 부득이하게 차를 끌고 다닌다. 그래서 국산 소형차 중에서 가장 연비가 좋은 차를 택했다. 우리라고 왜 외제 차며 고급 차를 안 타고 싶겠니? 하지만 차는 돈 먹는 하마임을 잘 알고 있었기에 비싸고 좋은 차는 처음부터 쳐다보지도 않았다.

연비 좋은 국산 소형차를 타면서 우리는 행복한 미래를 꿈꾼다. 감가상각이 심한 차 대신 미래 가치가 올라가는 입지 좋은 아파트를 사려고 노력한다. 엄마는 기름값으로 일주일에 3만 원 정도를 쓰고, 오래 운전하신 장인어른 명의로 자동차보험을 들어 보험료도 아끼고 있단다.

다행히도 엄마와 아빠는 좋은 자동차에 대한 욕망이 전혀 없었고, 그런 자동차를 모는 사람들에 대해 부러운 마음도 없었다. 어떻게 보면 미래에 경제적 자유를 누리면서 여유 있게 살고 싶다는 욕망이 훨씬 컸던 것 같다.

### 쇼핑 및 외식

앞서 말했지만 나는 평일에 카드나 현금을 들고 다니지 않는다. 엄마가 모든 카드와 현금을 관리하는데, 주로 어린 너희들의 물품(기저귀, 분유 등)이나 생활필수품 등을 사는 데 돈을 쓴다. 너희들의 옷과 장난감은 중고거래 앱 '당근마켓'의 무료나눔이나 저렴하게 판매하는 것들을 주로 이용한다. 그리고 엄마와 아빠를 위해서는 최대한 돈을 아낀다. 다만 마트에서 식품을 살 때는 그래도 좋은 것을 사려고 하고 몸에 좋지 않은 간식거리는 사지 않는다(그 덕분에 너희는 지금도 군것질을 잘 하지 않지).

가끔 맥주가 먹고 싶을 때는 2,500원짜리 맥주 대신 1,000원짜리 저렴한 맥주를 사서 먹는다. 엄마와 아빠는 결혼하고 술집에 가서 술을 먹은 적이 거의 손에 꼽을 정도인데, 외식에 대해 철저하게 주의하고 조심하고 있다. 정말 중요한 기념일이 아니라면 집에서 밥을 해 먹고 외식은 절대 하지 않는다. 덕분에 외식과 관련해서는 돈을 상당히 아끼고 있단다.

또한 옷은 새 옷을 사지 않고 그동안 산 옷을 열심히 입고 있다. 옷이 필요하면 당근마켓이나 중고나라 등을 이용해 상당히 싸게 옷을 산다. 신발 역시 한번 사면 다 해질 때까지 부끄러움 없이 잘 신고 다닌다. 신발에 구멍이 나도 잘만 신고 다니며 전혀 부끄럽지 않다. 나는 1,000만 원짜리 명품 가방이든, 시장에서 파는 1만 원짜리 싸구려 가방이든 물건을 담을 수 있는 기능만 제대로면 된다고 생각한다.

다만 요즘은 예전보다는 씀씀이에 다소 너그러워졌다. 너희가 먹고 싶어 하는 음식점에 가기도 하고, 엄마가 일에 지칠 때면 가끔 밖에 나가서 브런치라도 먹으면서 스트레스를 풀어준다. 하지만 여전히 우리는 백화점 같은 곳에 잘 가지 않고, 가서 구경은 해도 뭔가를 구매하지는 않는다. 그런 쪽으로는 돈을 계속 아끼고 있다.

사실 결혼하고 신혼여행 때 하와이 아웃렛에서 저렴하게 옷을 사온 뒤로 내 옷은 6년이 지난 지금까지 단 한 번도 산 적이 없다. 또 하나 다행인 것은 네 엄마가 명품에 그다지 큰 관심이 없다는 것이고 나 역시 시계 같은 것에 전혀 관심이 없다는 것이다(생각해 보니 결혼할 때도 롤렉스 같은 시계를 받지 않았다. 장모님이 시계를 사준다고 하시기에 시계는 됐고 차라리 돈을 달라고 했다). 그런 점에서 엄마와 아빠는 같은 마음이다.

## 미용·통신비

나는 헤어스타일에 별로 관심이 없어서 한두 달에 한 번 미용실에 가서 8,000원을 주고 아주 짧고 단정하게 자른다. 길게 자르면 금방 미용실에 가야 하니 한번 자를 때 짧게 잘라버리지. 처음엔 7,000원에 잘라주는 미용실에 다녔는데, 머리를 너무 못 잘라서 고민 끝에 8,000원을 받는 미용실로 옮겼다. 그래도 역시 가장 짧고 단정한 헤어스타일을 고수하고 있다.

엄마 역시 1년에 한두 번 미용실에 갈까 말까 한다. 미용실은 여자들이 돈을 가장 많이 쓰는 곳인데 엄마는 여기에도 돈을 쓰는 스타일이 아니란다. 한번은 엄마가 미용실을 간다고 했을 때 하고 싶은 것 다 하고 오라고 했다. 그런데 그 흔한 염색조차 하지 않고 커트만 하고 왔다. 이렇게 부부가 한마음으로 절약하고 같이 투자할 수 있다는 것은 정말 다행이라고 생각한다.

또한 엄마와 아빠는 둘 다 모두 알뜰폰 요금제를 쓴다. 나는 5,000원, 엄마는 1만 5,000원 나온다. 엄마는 집 밖에서 데이터를 많이 써야 하다 보니 나보다는 조금 비싸게 나온다. 그래도 둘이 합쳐서 월 3만 원 이내로 통신비를 해결하고 있다.

## 셀프 등기

예전에 나는 부동산 관련 등기를 법무사에게 맡기지 않고 직접 처리했다. 당시에는 법무사 수수료 몇십만 원도 아쉬웠던 시절이라 그 돈을 아끼기 위해 직접 발로 뛰며 돈을 절약했다. 생각보다 어렵지 않았고, 매뉴얼대로 하면 금방 처리할 수 있었다. 늘 하는 말이지만 직접 부딪쳐보면 어떻게든 해결되는 경우가 많았다.

지금까지 8번 넘게 셀프 등기를 해봤는데 이것만으로도 꽤 많은 돈을 절약한 셈이다. 이제는 상당히 숙달되어 소유권이전등기를 하기 전, 미리 모든 서류를 준비해놨다가 잔금 처리 후 한 시간이면 등기소에서 모든 업무를 처리할 수 있다. 그러나 지금은 등기 업무는 법무사에게 맡기고 있다. 이제는 해당 분야의 전문가에게 일을 맡겨 처리하는 것이 더 효율적이라는 사실을 알기 때문이다. 다만 투자를 시작하고 종잣돈을 모을 무렵에는 단 한 푼이라도 아끼기 위해 직접 모든 일을 처리했다.

## 중고 마켓 이용

나는 집에서 안 쓰는 물건이 있으면 중고로 내다 판다. 심지어 팔만하다 생각되면 남들이 버린 것을 가지고 와서 깨끗이 닦은 후에 중고로 판 적도 있다. 소소한 금액이지만 이런 게 어디 있나 싶다. 게다가 시간이 많이 드는 것도 아니다. 그저 10여 분 정도(깨끗이 닦고 중고 마켓에 매물을 올리는 데 들어가는 시간) 투자하면 된다.

집에서 필요한 것 역시 중고로 새것을 싸게 사려고 한다. 전기포트나 가습기 등 필요한 새 제품을 싸게 중고로 샀다. 지금 32만 원가량 하는 LG전자 공기청정기 새 제품을 15만 원에 샀는데, 당시 모 자동차를 사면 이 청정기가 옵션으로 붙어서 중고 마켓에 싸게 풀렸었다. 그때 이 공기청정기를 싸게 산 것이다. 이런 것들을 잘 이용하면 상당히 돈을 절약할 수 있다.

하지만 절약은 내 시간을 크게 빼앗지 않는 선에서 하나의 수단이 되어야지 목적이 되어서는 안 된다. 만약 시간을 지나치게 뺏는다고 생각되면 과감히 돈을 쓰는 것을 추천한다. 나에게 가장 소중한 자산은 바로 시간이기 때문이다.

### 아무리 작은 것이어도 아낀다

쓰레기 봉지 역시 마찬가지다. 나는 정말 꽉꽉 누르고 눌러서 더 이상 쓰레기가 안 들어갈 때까지 넣은 후 버리는데, 간혹 조금 담겨 있는데도 쓰레기 봉지 수거함에 나온 것들을 보면 참 아깝다. 작은 것들도 아낄 수 있어야 부자가 될 수 있다. 적은 돈이라도 귀하게 여기고 큰돈 역시 귀하게 여겨야 한다. 적은 돈을 함부로 쓰는 사람이 큰돈은 어찌 아낄까? 절약은 마음가짐의 문제다.

예전에 미국의 한 대중 잡지에서 재력 있는 유명 인사들을 상대로 근검절약 테스트를 한 적이 있었다. 고르고 고른 부자 58명에게 1달러 11센트를 환불받아 가라고 하는 편지를 보낸 것이다. 이때

놀랍게도 26명이 성가신 서류 작성을 마다하지 않고 은행으로 와서 1달러 11센트를 받아 갔다고 한다. 더 놀라운 사실은 금액을 한 번 더 내려서 64센트를 찾아가게 했더니, 그 수가 절반으로 줄긴 했지만 13명이 은행에 와서 그 돈을 찾아갔다는 점이다.

마지막으로 잡지사는 77센트를 환불받았어야 했는데 은행의 착오로 64센트만 받아 갔다며 나머지 13센트를 환불받으라고 편지를 보냈다. 이때 13센트를 받아 간 2명의 억만장자가 있었는데, 바로 세계적인 무기 거래상 아드난 카쇼기와 훗날 미국 대통령 자리에 오른 부동산 재벌 도널드 트럼프였다. 참고로 두 사람의 재산은 몇조 원 단위다. 그런데도 13센트를 받기 위해 은행을 방문한 것이다. 그들을 부자로 만들어준 것은 아무리 적은 돈이라도 귀하게 여기는 태도임을 알 수 있는 사례다.

## 핸드폰 및 각종 전자제품

엄마와 아빠는 새 핸드폰을 절대 사지 않는단다. 나는 동생이 쓰다가 준 오래된 구형 핸드폰을 쓰고, 엄마는 중고로 싸게 산 핸드폰을 쓴다. 어차피 새 핸드폰을 비싸게 사봤자 금방 새로운 제품들이 쏟아져 나오기 때문이야. 액정이 깨져도 그냥 테이프를 붙여서 쓰고, 핸드폰 게임 같은 것은 시간 낭비라 아예 하지 않았다.

각종 전자기기 역시 마찬가지다. 계속해서 새로운 제품들이 나온다. 그래서 엄마와 아빠는 혼수 역시 거의 하지 않았는데, 어차피 시간이 지나면 노후화된다고 여겼기 때문이다. 예를 들어 신혼 때 TV로 OLED가 유행했고 최소한 다들 LED TV를 샀는데, 우리는 LCD TV가 매우 저렴하기에 그걸로 샀다. 냉장고는 전시품이어도 전원이 켜져 있지 않기에 별문제가 없으리라 생각하고 전시품 냉장고를 매우 저렴하게 샀다. 세탁기도 마찬가지로 전시품을 매우 저렴하게 구매했고, 에어컨 같은 경우는 아내가 결혼 전에 쓰던 벽걸이 에어컨을 가져와서 썼다. 시간이 지날수록 소모되는 핸드폰이나 전자기기에는 최대한 돈을 들이지 않으려고 했다.

## 도서비와 운동비

처음 극단적으로 돈을 모으기 시작했을 때 엄마와 아빠는 책에 돈을 쓰는 것조차 아깝게 여겼다. 왜냐하면 책을 두세 번 읽으면 더 이상 읽지 않고 자꾸 책장에만 쌓아두기 때문이다. 나중에는 자리를 차지하고 어느 순간 애물단지가 되어 중고서점에 싸게 팔아넘긴 후부터는 더 이상 책을 사는 데 돈을 쓰지 않았다.

다만 필요한 책이 있으면 여기저기 공공 도서관에서 빌려 읽고, 정말 갖고 싶은 책만 중고로 싸게 샀다. 심지어 책에서 꼭 필요하다 싶은 내용은 내가 한두 장으로 정리해서 내 것으로 만들었다. 어느 정도 지식이 쌓이면 투자나 경제 책 한 권에서 새로이 얻을 수 있는 지식은 종이 한두 장으로 정리가 되더라. 주변 도서관에서 하도 책을 많이 빌려 읽어서 이달의 독서왕에도 몇 번 선정될 정도였다.

그래도 지금은 어느 정도 여유가 생겨서 읽었을 때 좋은 책이라는 생각이 들면 작가와 출판사가 계속 좋은 책을 내줬으면 하는 마음에 사서 아내와 함께 읽거나 주변 친지들에게 선물하기도 한다.

운동비 역시 근처 동사무소 헬스장을 이용하면 싸다. 무료 혹은 3개월에 3만 원 정도로 매우 저렴하다. 어차피 비싼 헬스장 끊어봤자 잘 가지 않는 것은 만국 공통이다. 그러니 운동에도 과도한 지출은 최대한 피했다.

## 절약은 미래의 경제적 자유를 위해 필수적이다

아들아, 아빠와 엄마는 정말 치열하게 절약해왔다. 네가 보기엔 이렇게까지 절약해야 하나 싶겠지만 부자가 되기 위해 그리고 부자가 되어 부를 계속 지켜나가기 위해서는 이 정도 절약의 과정은 반드시 한 번은 경험해야 한다고 생각한다. 물론 지금은 예전처럼 극단적인 절약을 하지는 않지만 말이다.

그리고 절약은 내가 통제할 수 있는 내 삶을 위한 수단이지 목적이 아니다. 혹시라도 절약 자체가 목적이 되어버리면 내 삶은 후순위가 되는 문제가 생긴다. 또한 절약한다고 해서 오히려 내 시간을 너무 많이 뺏는다면 그 또한 올바른 절약이 아니라고 생각한다.

절약은 미래의 내 시간을 더 많이 확보하기 위해서 하는 것이다. 그런데 절약한다고 내 시간을 너무 많이 써버린다면 그것이야말로 어리석은 행동이다. 부자가 되려면 내 시간을 돈으로 바꾸는 것에서 점차 돈으로 시간을 사는 것으로 나아가야 한다. 예를 들어 셀프 등기 같은 경우도 지방의 아파트에 투자했을 땐 지방까지 오가는 시간과 기름값 등을 고려해서 직접 내려가지 않고 돈을 주고 법무사에게 등기를 맡기는 것이 현명하다. 돈을 절약한다고 굳이 지방까지 내려간다면 오히려 시간적 측면에서는 손해라고 할 수 있다.

그렇지만 절약이 갖는 의미를 절대 소홀히 여겨서는 안 된다. 왜 2세, 3세 때 와서 망하는 재벌, 기업들이 부지기수일까? 여러 이유가 있겠지만 창업주가 온갖 고생을 해서 일궈놓은 기업을 고생 모르고 큰 2세, 3세들이 쉽게 물려받은 것도 한 가지 이유라고 생각한다. 어렵게 절약해서 돈을 모으고 고생을 해봐야 돈이 소중한 줄 알기 때문이다. 그래서 요즘은 후계자들을 일부러 가장 힘들고 험한 곳에 보내 바닥부터 고생하게 하는 일부 재벌가도 있다고 하더구나.

전성기에 수십억, 수백억 원을 벌어들이던 스포츠 선수나 영화배우가 파산 신청을 했다는 뉴스도 종종 나오곤 한다. 천문학적 돈을 벌어들였던 사람들이 왜 망했을까? 아무리 수입이 많다고 한들 지출이 수입보다 크면 언젠가는 망하는 것이 당연한 이치다. 그래서 절약 정신이 중요한 것이다.

아빠는 아직 신체나이가 젊을 때 은퇴해서 엄마와 너희와 함께 여기저기 여행을 다니며 온전히 내 시간을 누리고 사는 삶을 꿈꾸었다. 그저 월급만 바라보면서 직장의 톱니바퀴처럼 살다가 나이 먹고 은퇴해서 지나간 청춘을 그리워하며 사는 삶을 살고 싶지 않았다. 그래서 투자할 돈을 모으기 위해 최대한 아끼려고 노력했고, 모은 돈으로 투자해서 경제적 부를 이루고자 노력했다. 그 과정이 힘들었던 적도 많았다. 솔직히 말하면 가끔 이런 생활에 회의가 든 적도 있었다. 이렇게까지 해야 하나 하는 생각도 했다. 그러나 그 과정이 있었기에 지금이 있을 수 있었다.

이렇게 절약하는 시기는 최대한 빠르면 빠를수록 좋다. 결혼 전에 그리고 신혼 때 돈을 모아야지, 아기가 태어나서 크기 시작하면 돈을 모으기가 생각보다 쉽지 않단다. 너도 경제적 자유를 이뤄 월급에 얽매이지 않고 스스로 통제할 수 있는 삶을 살기를 바란다. 네 생활을 네가 온전히 조절하고, 하고 싶은 일을 하며, 타인에게 휘둘리지 않는 삶을 살기를 바란다. 그러니 아빠의 절약 이야기를 읽고 깨달은 바가 있었으면 좋겠다.

확장성에
투자하라

요즘 공무원 사회에서 퇴직이 큰 이슈더구나. 어떤 사람들은 오히려 조직이 젊어지니 더 좋다고도 하지만 문제는 힘들게 시험을 보고 들어온 젊은 MZ세대들이 적은 공무원 월급에 불만을 품고 돈을 더 받을 수 있는 대기업이나 공기업으로 이직한다는 점이다. 공무원보다 안정적인 점은 부족하지만 더 확장성이 있는 대기업을 선택하는 것이지. 아빠는 이런 현상을 보면서 앞으로 우리가 살아가면서 선택하게 될 안정성과 확장성에 대해 생각해봤단다.

## 안정성과 확장성

아빠가 근무하는 교직은 안정성이 큰 장점이다. 범죄를 저지른 것이 아니고서야 실수하거나 나이를 먹었다고 나가라고 하지 않는다. 매년 업무 성과에 따라 돈을 다르게 주는 것도 아니며 정해진 월급이 꼬박꼬박 나오고, 연차가 쌓이면 호봉에 따라 월급이 올라간다. 게다가 은퇴하면 공무원 연금이 나와서 어느 정도의 생활을 보장해준다.

하지만 확장성의 측면에서는 조금 아쉽다. 능력이 뛰어나고 아무리 강의 실력이 좋아도, 결국 정해진 월급을 받는 공무원일 뿐이다. 물론 교과서를 쓴다거나 방과 후 수업을 하기도 하고 EBS 강의에 나가기도 하지만, 교사로서 확장성 측면에서는 한계가 있다.

반면 학원 강사는 어떨까? 학원 강사의 경우 안정성 측면에서는 교사보다 부족해도 능력이 있고 계속 발전할 수 있다면 그 확장성은 교사보다 더 크다고 본다. 예컨대 오프라인으로 학생 몇십 명을 넘어 몇백 명, 몇천 명을 모아서 강의를 할 수도 있고 전국에 있는 학생들을 대상으로 온라인 인터넷 강의를 열 수도 있다. 자신이 만든 교재를 수십만 명에게 팔 수도 있다. 당연히 벌어들이는 돈도 교사보다 수십 배, 수천 배로 늘어난다. 최근 업계 1등을 달리는 모 대입학원의 주가가 스타 강사 한 사람의 재계약 여부에 따라 크게 출렁이기도 했다. 참고로 그 스타 강사의 연 매출액은 몇백억 원이라고 한다.

예전에 아빠가 근무하는 학교에서 대학교 진학설명회가 열린 적이 있었다. 유명 사설학원 연구소장인 모 강사가 진학설명회 강사로 왔는데, 그는 예전에 교사를 하다가 EBS에서 인기를 얻은 뒤 대형 학원으로 스카우트되어 지금은 진학 상담을 주로 한다고 했다. 사실 몸값이 상당했겠지만 이번에 학교에서 잘 섭외해 설명회에 모신 듯했다. 그래도 강의 두 번에 100만 원 가까이 지급했다고 들었다. 만약 진학 담당 교사가 설명회에 강사로 참석했으면 그보다 훨씬 적게 받았을 것이다.

내가 보기에 우리 학교의 진학 담당 교사는 능력으로는 그 학원 연구소장에게 뒤지지 않는다. 그렇지만 현재 두 사람이 벌어들이는 돈은 수십 배 차이가 날 것이다. 한 사람은 확장성을 선택해 교직을 뛰쳐나가 새로운 길을 개척하면서 많은 돈을 벌었고, 한 사람은 안정성을 선택해 교직에 남아 정해진 월급을 받으면서 돈에는 관심이 없다는 듯 말하며 살고 있다.

누가 성공한 인생일까? 누가 행복한지는 알 수 없지만 적어도 눈에 보이는 것으로 성공 여부를 평가한다면 학원 연구소장이 성공한 게 아닐까?

그렇다고 안정성을 버리고 확장성만 추구하라는 건 아니다. 분명 안정성도 중요하다. 특히 큰 위기가 왔을 때 빛을 발하는데, 급격한 금리 인상이라든지, 나라 경제에 큰 위기가 발생했을 때 안정성은 그 상황을 버텨내는 힘이 된다. 그래서 안정성과 확장성의 균형은 중요하다. 그렇지만 아빠는 네가 확장성에 좀 더 중점을 두고 선택을 했으면 한다.

부자 아빠 부동산 수업

특히 부동산에 투자할 때도 이런 확장성의 개념을 적용해볼 수 있다. 예를 들어 부동산에서 지역을 놓고 보면 지방의 중소도시와 수도권 중 어디가 확장성이 더 있을까? 젊은 사람들과 좋은 기업들이 모이는 수도권은 지금도 계속해서 확장되고 있다. 반면에 지방의 수많은 도시는 계속해서 젊은 사람들이 줄어들고 노인 인구가 늘어나고 있다. 당연히 지방보다 수도권의 확장성이 더 크다. 투자자로서는 지방보다 수도권에 투자하는 것이 더 매력적인 투자처인 것이다.

또한 투자 물건에 대해서도 확장성을 적용해볼 수 있다. 같은 입지에 있더라도 재건축이 어려운 아파트와 재건축이 가능한 아파트 중 무엇이 확장성이 있을까? 재건축이 가능한 아파트는 새 아파트가 되어 그 가치를 확장할 수 있다. 당연히 재건축이 가능한 아파트에 투자해야 개발 이익을 얻을 수 있는 것이다.

그리고 수요 면에서도 확장성을 생각해볼 수 있다. 강남의 명문 학군을 끼고 있는 아파트 단지는 전국의 돈 있는 사람들과 자녀 교육에 관심 있는 사람들이 저마다 오고 싶어 하는 곳이다. 반면 외곽지역의 산업단지 옆에 위치한 나 홀로 아파트 단지는 산업단지에 직장이 있는 일부 사람들의 수요만 있을 뿐이다. 수요의 확장성 면에서 엄청난 차이가 나니, 당연히 강남의 명문 학군지 아파트가 가격이 비쌀 수밖에 없고 추후 가격도 훨씬 크게 오를 것이다. 그러니 수요의 확장성이 있는 곳을 골라 투자해야 한다.

주식도 마찬가지다. 안정성이 있지만 확장성은 없는 기업과 안정성은 부족하지만 확장성이 있는 기업이 있다면, 주가 상승으로 돈을 더 많이 벌 수 있는 주식은 확장성이 있는 기업이다. 예컨대 테슬라의 경우 예전 내연기관 자동차가 주류였을 무렵에는 발전 가능성과 확장성이 무궁무진했음에도 이익을 내지 못했고 안정성 면에서는 부족한 편이었다. 그렇지만 확장성을 믿고 테슬라에 투자한 사람들은 어마어마한 이익을 거뒀다.

아무리 안정성이 있는 회사여도 확장성이 부족하다면 그 주식에 투자해 돈을 벌 가능성은 무척 낮을 것이다. 그렇다고 극단적으로 확장성만 추구하라는 것은 아니다. 가능성을 잘 따져봐야 한다. 아무리 확장성이 있는 기업이라고 해도 핵심 기술이나 비전이 없으면 망하는 경우도 많다.

결론적으로 아빠는 이왕이면 네가 확장성이 더 큰 곳에서 꿈을 마음껏 펼쳤으면 한다. 특히 어느 정도의 안정성도 중요하지만 그 때문에 확장성을 포기하는 것은 매우 어리석은 행동이라고 생각한다. 실패해도 다시 일어서면 된다. 또한 투자할 때도 안정성에만 치우친 투자를 한다면 결코 부자가 될 수 없다. 나는 은행 예금을 통해 부자가 되었다는 말을 이제껏 들어보지 못했다. 리스크를 감수하고서라도 도전할 가치가 있다면 자신 있게 확장성을 선택하길 바란다.

# 포기하지 말고
# 성공의 사다리에
# 올라라

자신의 분야에서 성공한 사람들의 이야기를 들어보면 의외로 성공의 원리가 매우 단순하다는 사실에 놀라게 된다. 끝까지 포기하지 않고 죽을 각오로 노력했더니 어느 순간 운 좋게 성공했다고 한다. 아빠는 그들의 이야기를 듣고 성공하기 위해서는 도대체 어떻게 해야 할지 많은 생각을 했단다. 이제 마지막으로 아빠가 생각하는 성공에 대해 들려주고자 한다.

## 운, 노력 그리고 올바른 방향으로 나아가기

나는 성공은 운과 노력 그리고 올바른 방향의 집합체라고 생각한다. 비유하면 운은 구름과 같아서 하늘 높이 있는 것이다. 그래서 사다리를 타고 운이 있는 곳까지 올라가야 하는데, 그 과정은 굉장히 힘들고 고독하며 때로는 아래로 미끄러지기도 한다. 우리는 그 과정을 '노력'이라고 부른다. 많은 사람이 이 과정에서 그만 포기해버린다.

그런데 사다리가 운이 있는 저 높은 곳까지 땅과 수직으로 세워진 경우도 있지만, 때로는 비스듬히 기울어진 경우도 있다. 이렇게 기울어진 경우 수직인 경우보다 올라가는 데 훨씬 많은 노력이 필요하며 때로는 아무리 노력해도 결국 운이 있는 곳까지 도달하지 못하는 경우도 있다. 똑같이 비슷한 노력을 했는데 누구는 성공하고, 누구는 실패하는 이유일 것이다. 이런 경우는 방향이 잘못된 것이다. 그러니 사다리가 비스듬히 세워져 있다면 얼른 방향을 조정해서 다시 수직으로 세워야 한다. 그래야 성공의 길로 곧바로 나아갈 수 있다.

또한 운이 있는 곳까지 사다리가 수직으로 잘 세워져 있고 노력도 많이 해서 사다리를 타고 위로 올라갔는데, 막상 운이 없을 수도 있다. 즉 노력도 열심히 하고 올바른 방향으로 나아갔지만 정말 운이 없어서 실패할 수도 있는 것이다.

예를 들어보자. 어떤 사람이 투기과열지구의 재건축 아파트를 가지고 있었는데, 재건축을 열심히 공부해서 비조정 지역의 핵심 재건축 아파트를 저렴한 가격에 매수했다. 그런데 비조정 지역이었던 곳이 갑자기 투기과열지구로 지정되어 재건축 아파트 재당첨 5년 제한(기존 투기과열지구 재건축 아파트 입주권이나 분양권을 받았을 경우 투기과열지구 내 다른 재건축 아파트에 5년 동안 재당첨이 되지 않는다)에 걸려 현금청산을 당하게 된 경우도 보았다.

즉 이미 기존 재건축 아파트를 소유하고 있던 사람이었기에 재건축 관리처분인가(착공에 들어가기 전 거의 마지막 단계라고 보면 된다) 통과까지 공교롭게 두 아파트의 시기가 겹쳐서 한 아파트는 부득이하게 현금청산 대상이 된 것이다. 분명 비조정 지역일 때 재건축 아파트를 샀지만 추후 갑작스레 투기과열지구로 지정되어 재당첨 5년 제한에 걸렸다. 이런 경우 방향에 맞게 열심히 노력했지만 운이 정말 없었던 경우라고 볼 수 있다.

그러나 이런 경우는 이미 한번 사다리를 올라갔던 경험이 있기 때문에 다음에 올라갈 때는 더욱 수월하게 올라갈 수 있다. 또 여러 번 시도했는데 여러 번 모두 운이 없을 경우는 거의 제로에 가까운 확률이다. 언젠가는 반드시 성공한다고 보면 된다.

그러니 죽을 듯이 노력했고 방향도 맞는다고 생각했는데, 정말 예상치 못하게 운을 만나지 못해 실패하더라도 절대로 포기해서는 안 된다. 그럴 때는 실패의 고통을 훌훌 털고 다시 일어설 수 있어야 한다. 실패했다고 포기해버리면 그때까지 쌓아 올린 것들이 처음과 똑같은 상태가 된다.

영국의 전설적인 록그룹 비틀즈는 데뷔하기까지 수많은 음반 회사로부터 거절을 당했으며, 《해리 포터》 시리즈를 집필한 조앤 롤링도 수많은 출판사로부터 출판을 거절당했다. 비틀즈가 만약 중간에 포기했다면 지금 우리가 즐겨 듣는 〈예스터데이〉란 노래는 없었을 것이다.

성공에 관해 아빠의 생각을 간단히 정리하면 이렇다.

첫째, 옳은 방향을 설정해야 한다.
둘째, 포기하지 않고 죽을 각오로 노력해야 한다.
셋째, 운을 만나야 한다.

특히 성공은 노력과 방향도 중요하지만 운도 매우 중요한 요소다. 여기서 '운'이란 시대나 상황을 잘 만난 것일 수도 있고, 사람을 잘 만난 것일 수도 있다. 국내 굴지의 대기업 현대를 만든 창업주 고(故) 정주영 회장의 자서전을 읽어보면 처음에 그는 쌀가게 점원으로 시작했다. 그리고 쌀가게 주인이 자기 아들이 아닌 성실하고 믿음직스럽던 정주영에게 쌀가게를 물려준다. 이때 가게를 물려줬던 쌀가게 주인이 바로 정주영 회장에게 운인 것이다. 이처럼 운은 어떻게 보면 하늘의 도움이라고도 할 수 있겠다.

## 스스로 노력하고 하늘의 도움을 기다려라

그러니 새삼스레 겸손함을 강조하게 되는구나. 늘 겸손하고 조심하고 주의하거라. 이 말은 여러 번 얘기해도 모자라지 않는다고 생각한다. 나 역시 아직 수양이 부족할 때는 조그만 성공이 오롯이 내 노력 덕분이라고 생각한 적이 있었다. 요즘은 내 조그만 성공 옆에는 노력과 올바른 방향 외에도 운이라는 것이 함께 있었다는 생각이 든다. 처음 부동산을 매수했을 때는 어머니의 도움을 받았고, 부동산 공부를 시작했을 때는 아내의 전폭적인 지지와 협조를 받았으며, 본격적으로 투자를 시작했을 때는 부동산 상승기라는 운 좋은 상황을 만났다.

그렇다고 운만을 믿어서는 안 된다. 운도 중요하지만 그보다 중요한 것은 피나는 노력과 올바른 방향 설정이다. 사다리를 타고 제대로 올라가지 못한다면 운이라는 것을 만나볼 수도 없다. 그리고 그렇게 해서 운을 만나 성공했다면 하늘의 도움으로 성공했음을 알고 겸손하길 바란다. 그래서 다시금 다른 사다리를 타고 또 올라가기 위해 노력했으면 한다.

아빠는 지금도 새로운 것에 도전할 때면 무척 떨리고 두렵다. 그럴 때마다 마음속으로 '내가 최선을 다해 올바른 방향으로 노력했기 때문에 이제 결과는 하늘의 도움(운)에 맡긴다. 설령 실패하더라도 최선을 다했기 때문에 후회는 없다. 그러면 다시 노력해서 도전하겠다'라고 되뇐다. 그러면 놀랍게도 떨림과 두려움이 사라지고 마음이 편해질 수 있었다. 결국 일의 결과는 내가 통제할 수 없지만 두려움은 통제할 수 있다. 부디 두려움을 떨치고 운의 도움을 받아 성공하길 바란다.

에필로그

# 몇 가지
# 당부의 말

사랑하는 두 아들, 세준과 세환에게.

　아빠의 부모님은 그 누구보다 근검절약하며 성실하게 살아오신 분들이다. 그러나 지금 생각하면 두 분이 조금만 더 자본주의에 일찍 눈을 떠 '돈' 공부를 하셨다면 어땠을까 싶다. 자본주의 사회는 단지 열심히 산다고 해서 잘살 수 있는 사회가 아니다. 돈의 본질을 깨닫고, 돈의 흐름을 볼 수 있어야 한다.

　만약 매일 열심히 일하며 최선을 다해서 살고 있는데 왜 남들에 비해 가난한지 고민하고 있다면 지금 당장 무엇이 문제인지 그 원인을 찾고 삶의 방향을 바꿔야 한다. 돈은 단순히 절약하고 저금한다고 해서 많이 모을 수 있는 것이 아니다. 모름지기 현명한 투자를 통해 돈을 불려야 한다.

자본주의 사회는 빚으로 돌아가는 사회다. 돈이 계속해서 늘어나고, 그 돈이 돌고 돌아야 사회에 활기가 생긴다. 저금을 하면서 돈을 모으는 사이에 화폐의 가치는 계속 떨어지고 자산의 가치는 계속 오른다. 저축하는 속도보다 자산의 가치가 오르는 속도가 더 빠르다. 그러니 너희는 돈에 대해 일찍 깨닫고 공부했으면 한다. 물론 돈을 위해서만 살아간다고 하기에는 인생이 너무나 짧다. 그러나 분명한 사실은 더 멋진 인생을 살기 위해서는 돈이 절대적으로 필요하다는 것이다.

　　당장 가족과 추억을 만들기 위해 밖에 나가기만 해도 돈이 필요하다. 나는 너희들을 데리고 대형 아웃렛에 있는 키즈카페에도 가고 놀이공원이며 동물원 등에도 갔는데, 너희가 무척 좋아했단다. 아마 집에서 할 수 없는 색다른 경험 때문이었겠지. 만약 돈이 없었다면 이런 다양한 경험을 하기 어려웠을 것이다. 게다가 나중에 나이 먹어서 아프고 병들기라도 하면 그때는 돈이 더욱 절실해진다. 좋은 치료를 받기 위해서는 돈이 필요하다. 그러니 돈의 소중함을 알아야 한단다.

　　무엇보다 젊을 때 도전을 해야 한다. 다양한 경험과 시도는 빠르면 빠를수록, 많으면 많을수록 좋다. 특히 일찍 투자를 시작하면 늦게 시작한 사람보다 시간의 힘을 더 많이 빌릴 수 있다. 좋은 자산에 투자하고 시간의 힘을 믿어라. 실패해도 괜찮다. 젊을수록 회복하고 다시 일어설 힘과 시간이 있다. 늙어서 실패하면 다시 일어서

기도 쉽지 않다. 너희가 젊은 부자가 되었으면 좋겠다. 나이 먹고 아프지 않은 것만 해도 복 받았다 할 정도로 병원에 가보면 연로한 환자분들이 많다. 이왕이면 젊을 때 경제적 자유를 얻어 네 인생을 남들에게 통제받지 않고 스스로 통제하면서 살았으면 좋겠구나.

그래서 아빠의 투자 경험과 지식을 글로 써서 전달하고자 한다. 너희들에게 많은 도움이 되었으면 좋겠다. 너희가 돈을 아끼고 사랑해서 많이 모았으면 한다. 돈 때문에 서러움을 겪는 일이 노후에 없었으면 한다. 그리고 젊은 부자가 되어 인생의 즐거움을 누리고 살았으면 한다. 그러기 위해서는 열심히 돈을 공부하고 실행할 수 있는 용기가 필요하다는 걸 말해주고 싶구나. 너희들의 앞날을 축복한다.

**아들에게 전하는 돈과 투자의 지혜**

# 부자 아빠 부동산 수업

제1판 1쇄 발행 ǀ 2023년  9월 25일
제1판 2쇄 발행 ǀ 2023년 11월 24일

지은이 ǀ 세준아빠
펴낸이 ǀ 김수언
펴낸곳 ǀ 한국경제신문 한경BP
책임편집 ǀ 김종오
교정교열 ǀ 김순영
저작권 ǀ 백상아
홍보 ǀ 서은실·이여진·박도현
마케팅 ǀ 김규형·정우연
디자인 ǀ 권석중
본문디자인 ǀ 디자인현

주소 ǀ 서울특별시 중구 청파로 463
기획출판팀 ǀ 02-3604-590, 584
영업마케팅팀 ǀ 02-3604-595, 562    FAX ǀ 02-3604-599
H ǀ http://bp.hankyung.com    E ǀ bp@hankyung.com
F ǀ www.facebook.com/hankyungbp
등록 ǀ 제 2-315(1967.5.15)

ISBN 978-89-475-4916-5  03320